A-Z FRENCH B

ESSENTIAL VOCABULARY ORGANIZED BY TOPIC FOR IB DIPLOMA

French B

DANIÈLE BOURDAIS

Elemi
INTERNATIONAL SCHOOLS PUBLISHER

Published by Elemi International Schools Publisher Ltd

Author: Danièle Bourdais
Series Editor: Mary James

Danièle Bourdais is an award-winning author of French coursebooks and resources and an experienced tutor. She regularly tutors international students and writes resources to teach and support French ab initio and French B at Diploma level. She can be contacted at frenchmatters@aol.com.

The author and publisher would like to acknowledge the input of Jenny Ollerenshaw, IB and language consultant. We would also like to thank Cynthia Frey, an international schoolteacher with experience of teaching IB Diploma in Dubai and Vietnam, who read and commented on the manuscript.

First published 2019

A catalogue record of this title is available from the British Library
British Library Cataloguing in Publication Data

ISBN 978-1-9164131-1-5

10 9 8 7 6 5 4 3 2 1

Page layout/design by emc design
Cover design by Jayne Martin-Kaye

Printed and bound in Great Britain by TJ International Ltd, Padstow, Cornwall

Studying French at IB Diploma level

The IB French B Diploma programme is a rigorous and challenging language acquisition course which helps develop your linguistic skills as well as your inter-cultural understanding. Although you already have some knowledge of French, this course will enable you to further develop your abilities across both the written and spoken language, so that you will be better equipped to communicate more effectively in any francophone country.

How this resource can help you

Studying French B as part of the IB Diploma programme involves a substantial amount of time for independent study and you may need additional support from your teacher, friends, or other resources. Of course, your teacher and friends may not always be available, particularly when it comes to acquiring, learning, and using a broad range of language and vocabulary across a variety of different topics.

This book aims to help you in this process by providing a core of vocabulary and language organized by the themes and topics you will be studying as part of your IB Diploma.

- There are five broad themes (sections 1-5 in this book). Each theme has been divided into topics, and each topic is then further divided into sub-topics. Most of these sub-topics are organized along the following lines:
  - individual words (you may find some of these are already known to you, but they also act as a useful reminder)
  - verbs and verb collocations (ie verbs and words which are often used in combination; verbs are listed in the infinitive form)
  - phrases and sentences at a more straightforward level (generally these are at SL – or *niveau moyen* - although this is only intended as a guide)
  - longer, more sophisticated sentences which are more likely to be defined as HL – or *niveau supérieur*. These sentences are indicated by *.
- The HL sentences marked * have been carefully selected to model the use of a linguistic feature in sentences. For example, the use of relative pronouns, special forms of verbs (eg infinitive used as a noun, the passive voice, etc), expressions followed by the subjunctive, or other examples of special vocabulary (eg verbs to avoid the over-use of *dire*). These are highlighted **in bold**. To help you identify the equivalent words/phrases in English, these have been written **in bold** as well.
- Section 6 provides you with suggested phrases to help with the preparation of your individual oral assessment. At SL (*niveau moyen*), you will engage in a conversation with your teacher which includes you describing a visual stimulus, like a photo. At HL (*niveau supérieur*), you will take part in a conversation related to an extract taken from one of the literary works studied as part of your course.
- Section 7 offers suggested phrases which are not topic-specific and aim to help the overall fluency of your written and spoken French.
- Generally, the language you are given in this resource is in standard register. Words and phrases that are more familiar are indicated (fam) and more idiomatic language is shown with (id). Remember that your use of idiomatic expressions will help you access higher marks in your assessments.
- This resource provides you mainly with French that you would read or hear in France. You will also find words and phrases in French from other French-speaking countries and the country of origin is indicated in brackets.
- Note this is **not** a comprehensive list of vocabulary and language and you are encouraged to acquire a broad range of vocabulary. If your teacher gives you additional words, or through your own reading you come across suitable language, you might choose to write it into this book, so it is more like a personal vocabulary book for you.
- Where you see a note to refer to another section (eg **2 A**), this suggests there may be useful and relevant vocabulary in another section. These cross references have been done where we thought it might be helpful, but they are not necessarily exclusive. You may find other opportunities to blend the language from different sections. This is another way you can personalise the language for your own needs.

We wish you the best on your learning journey and of course the greatest success in your exams!

Danièle and the team at Elemi

1 Identités

A Styles de vie

Des choix de vie

le mode de vie/la façon de vivre

les habitudes (f) quotidiennes

la manière de se comporter avec les autres

la manière de consommer

la façon de se distraire

la façon de s'habiller

la façon de manger/de s'alimenter

la façon de garder la forme

le choix d'hygiène de vie

avoir un mode de vie sain et équilibré

avoir une vie sédentaire

aimer son petit chez soi (fam)

flemmarder devant la télé (fam)

Beaucoup de mes amis sont très sociables/aiment rencontrer des gens mais moi, j'apprécie de rester seul(e)/d'être solitaire.

Je fréquente mes amis mais je ne sors pas en bande/avec une bande de potes. (fam)

Je mène une vie active et j'aime les activités de plein air/la vie au grand air.

Les parents influencent beaucoup le mode de vie de leurs enfants.

Le mode de vie dépend beaucoup du pays où on se trouve.

*Notre mode de vie reflète nos attitudes, nos valeurs et notre façon de voir le monde **dans lequel** on vit.

*Nos choix de vie sont souvent déterminés par le milieu social **auquel** on appartient.

*L'idéal serait de pouvoir choisir une façon de vivre en adéquation avec la philosophie de vie **à laquelle** on adhère.

*Le plus grand bouleversement du 21ème siècle dans le mode de vie des jeunes, c'est l'existence des réseaux sociaux, **desquels** dépend la vie sociale de beaucoup d'entre eux.

Life choices

lifestyle/way of life

daily habits

how we behave with others

how we consume

how we entertain ourselves

the way we dress

the way we eat/feed ourselves

how we keep healthy

choice of (a healthy) lifestyle

to have a healthy and balanced lifestyle

to have a sedentary lifestyle

to love your home

to laze about in front of the TV/to be a couch potato

Many of my friends are very sociable/like meeting others but I enjoy being on my own/being alone.

I socialise/hang out with friends but I never go out with a group of mates.

I lead an active life and I like outdoor activities/the great outdoors.

Parents influence their children's lifestyles a great deal.

Your lifestyle depends a lot on the country where you happen to be.

Our way of life reflects our attitudes, our values and the way we see the world **in which** we live.

Our life choices are often determined by the social environment **to which** we belong.

The ideal would be to be able to choose a lifestyle in keeping with the way of life **in which** you believe.

The greatest change of the 21st century in the lifestyle of young people is the existence of social networks, **on which** the social life of many of them depends.

B Santé et bien-être

Les problèmes de santé

Health problems

en bonne/mauvaise santé	in good/poor health
une maladie (chronique)/(infantile)	(chronic)/(childhood) illness/disease
une infection virale/bactérienne	viral/bacterial infection
le rhume/le rhume des foins	cold/hayfever
le mal de gorge	sore throat
la grippe	flu
un problème de santé mentale	mental health problem
l'anxiété (f)	anxiety
la dépression	depression
le traumatisme	trauma
la blessure	wound
la douleur/douloureux	pain/painful
tousser et éternuer	to cough and to sneeze
tomber malade	to fall ill
faire un malaise	to feel faint
s'évanouir/perdre connaissance/tomber dans les pommes (fam) (id)	to faint/to lose consciousness/to pass out
être malade comme un chien (fam) (id)	to be sick as a dog
se blesser (à la tête/au dos)	to injure yourself (your head/your back)
avoir de la fièvre/de la température	to have a fever/temperature
avoir la nausée/envie de vomir	to feel nauseous/sick

De plus en plus de jeunes disent ne pas être en forme et se sentir mal/faibles/fatigués pendant la semaine.

More and more young people say they don't feel well and feel ill/weak/tired during the week.

Étudier est stressant et on a souvent mal à la tête, au dos et aux yeux.

Studying is stressful and you often get headaches, back pain and eye pain.

Les docteurs recommandent de faire plus d'exercice parce que beaucoup trop de jeunes sont en surpoids.

Doctors recommend more exercise because too many young people are overweight.

Quand je mange certains aliments, je fais une réaction allergique.

When I eat certain foods, I have an allergic reaction.

*De plus en plus d'enfants souffrent de troubles respiratoires, comme l'asthme, et d'allergies à certains aliments.

More and more children suffer from respiratory disorders, such as asthma, and allergies to certain foods.

*Les troubles du sommeil affectent un nombre croissant de jeunes, mais la plupart des cas ne sont ni dépistés ni traités.

Sleep disorders affect **an increasing number** of young people, but most cases are not detected or treated.

*Le surpoids et l'obésité ne sont plus des problèmes propres aux pays riches mais augmentent de façon spectaculaire dans les pays en développement.

Excess weight and obesity are no longer problems unique to rich countries but **are increasing dramatically** in developing countries.

*Un nombre grandissant d'adolescents développent des comportements dénotant un mal-être, telles la dépression, la scarification et la tentative de suicide.

A growing number of teenagers are developing behaviours that indicate a malaise, such as depression, self-harm and attempted suicide.

Les soins	Health care
le médicament (générique)	(generic) drug
le comprimé/le cachet/la gélule/la pastille	tablet/pill/capsule/lozenge
la crème/la pommade (antiseptique)	(antiseptic) cream/ointment
un anti-douleur/un analgésique/un antalgique	pain relief/painkiller
le sirop (pour la toux)	(cough) mixture/syrup
une armoire à pharmacie	medicine cabinet
le pansement	bandage/plaster
des compresses (f) stériles	sterile swabs
une ordonnance	prescription
la médecine préventive	preventative medicine
le dépistage	screening/testing
la radio(graphie)/une échographie	X-ray/ultrasound
la transfusion sanguine	blood transfusion
une opération chirurgicale	surgery/surgical procedure
le personnel soignant	health professionals
les médecines (f) alternatives/douces/naturelles	alternative therapies/medicine
se faire examiner par un infirmier/une infirmière	to be examined by a nurse
aller chez le médecin (généraliste)	to go to the doctor's (general practitioner/GP)
consulter un spécialiste/chirurgien	to see a consultant/surgeon
prendre rendez-vous chez un thérapeute	to make an appointment with a therapist
faire des analyses (f) de sang/d'urine	to have your blood/urine tested
avoir un rendez-vous chez le dentiste	to have an appointment at the dentist
prescrire des antibiotiques (m)	to prescribe antibiotics
En cas d'urgence, il faut aller directement à l'hôpital/à la clinique/aux urgences.	In case of an emergency, you must go straight to hospital/to a (private) clinic/to the ER (A & E).
On peut prendre certains médicaments sans ordonnance.	You can take some over-the-counter medications.
Le danger de suivre/prendre un traitement à long terme, c'est l'accoutumance.	The danger of taking a long-term treatment is that you can get used to it/become addicted.
Avant d'aller chez le médecin, il est possible de demander des conseils à un pharmacien.	Before going to the doctor, it is possible to ask a pharmacist for advice.
Je vous souhaite un bon/prompt rétablissement./ Remets-toi vite! (fam)	I wish you a good/speedy recovery./Get well soon!
*Certains malades préfèrent soigner leurs maux par l'homéopathie, l'acupuncture ou l'ostéopathie plutôt que de prendre des médicaments.	Some patients prefer to treat their ailments with homeopathy, acupuncture or osteopathy rather than taking medication.
*D'autres hésitent à consulter et laissent le problème traîner par peur de la blouse blanche. (fam)	Others are reluctant to see a doctor and let the problem drag on, because they have a fear of doctors/white coats.
*D'autres encore se tournent vers les remèdes de grand-mère quand ils n'ont ni diagnostic ni traitement.	Still others turn to home remedies when they have neither diagnosis nor treatment.

Un mode de vie malsain | Unhealthy lifestyle

la malbouffe	junk food
les aliments (m) trop sucrés/salés/gras/calorifiques	foods that are too sweet/salty/fatty/calorific
les boissons (f) gazeuses sucrées	sugary, fizzy drinks
les matières (f) grasses	fat
les sucreries (f)	sweets
le tabac/les cigarettes (f)	tobacco/cigarettes
l'alcool (m)/les boissons alcoolisées	alcohol/alcoholic drinks
les drogues (f) douces/dures	soft/hard drugs
le manque d'exercice/de sommeil	lack of exercise/sleep
l'addiction (f) (aux écrans/aux jeux vidéo)	addiction (to screens/video games)
les risques (m) pour la santé	risks to your health
se laisser aller	to stop caring about yourself/to let yourself go
rester vautré devant la télé (fam)	to be a couch potato
passer trop de temps devant un écran	to spend too much time in front of a screen
sauter un repas/le petit déjeuner	to skip a meal/breakfast
se goinfrer (fam)	to stuff yourself
grignoter (entre les repas)	to snack (between meals)
prendre une biture express (fam)/se prendre une douffe (en Belgique)	to get drunk quickly/to binge drink
avoir la gueule de bois (fam) (id)/avoir mal au bloc (au Québec) (fam)	to have a hangover/to be hungover/(to feel the worse for wear)

Limiter la viande rouge et la charcuterie peut réduire le risque de cancer.

Limiting red meat and deli meats can reduce the risk of cancer.

Suivre certains régimes amaigrissants a un effet yo-yo néfaste pour le corps.

Following certain weight-loss diets has a negative yo-yo effect on the body.

Le mode de vie malsain de beaucoup de jeunes est une véritable bombe à retardement pour leur santé.

The unhealthy lifestyle of many young people is a real time bomb for their health.

Une consommation excessive d'alcool, de tabac et d'aliments trop calorifiques augmente les risques de diabète et de maladies cardio-vasculaires.

An excessive consumption of alcohol, tobacco and high-calorie foods increases the risk of diabetes and cardiovascular disease.

Une mauvaise hygiène de vie, souvent liée à des facteurs socio-économiques défavorables, réduit l'espérance de vie.

An unhealthy lifestyle, often due to unfavourable socio-economic factors, reduces life expectancy.

*Seulement 20% des jeunes Français consomment la quantité de fruits et légumes recommandée et ceci **en dépit des** multiples campagnes de sensibilisation.

Only 20% of young French people are eating the recommended amount of fruit and vegetables and this **despite** numerous awareness campaigns.

***Malgré** les recommandations en vigueur, moins d'un ado sur cinq a un niveau d'activité physique suffisant pour éviter les effets néfastes de sa sédentarité.

Despite current recommendations, less than one in five teenagers exercises sufficiently to avoid the harmful effects of his or her sedentary lifestyle.

*Beaucoup de gens consultent leur portable la nuit **bien qu'ils** sachent que la lumière bleue et les champs électromagnétiques nuisent à l'endormissement.

Many people look at their phones before going to bed at night **even though they** know that blue light and electromagnetic fields can disrupt sleep/make it harder to get to sleep.

Un esprit sain dans un corps sain

A healthy mind in a healthy body

une activité physique quotidienne	daily physical activity
des exercices (m) d'intensité modérée/soutenue	moderate/high intensity exercises
la pratique régulière d'un sport	doing a sport regularly
la marche/la randonnée	walking/hiking
la natation	swimmimg
la salle de fitness/la salle de sport	gym/sports hall
une alimentation saine	healthy diet
les vitamines (f) et les antioxydants (m)	vitamins and antioxidants
les fibres (f)	fibre
le lait écrémé/demi-écrémé	skimmed/semi-skimmed milk
les produits bio	organic products
le végétarisme/le véganisme	vegetarianism/veganism
végétarien/végane	vegetarian/vegan
le bien-être	well-being
être en bonne santé/en pleine forme	be in good health/fit
prendre soin de son capital santé	to look after your health
suivre les conseils diététiques à la lettre	to follow dietary advice to the letter

On doit changer ses mauvaises habitudes alimentaires et apprendre à manger équilibré.

You have to change your bad eating habits and learn to eat a balanced diet.

Adopter une méthode de relaxation est essentiel pour savoir gérer le stress (des examens).

Adopting a relaxation method is essential in order to manage (exam) stress.

En général, je suis bien dans ma peau (id) et je ne me prends pas la tête! (fam) (id)

Generally, I feel good about myself and I don't get worked up!

J'ai décidé de réduire/limiter/diminuer ma consommation de fast food et de plus m'hydrater/boire plus d'eau pour éliminer les toxines.

I've decided to eat less fast food and to stay better hydrated/to drink more water to eliminate toxins.

*Participer à une activité de loisirs que l'on aime faire libère des endorphines et procure une sensation de bien-être.

Taking part in a leisure activity that you enjoy doing releases endorphins and gives you a feeling of well-being.

*On conseille aux gens de se déplacer à pied ou à vélo au lieu de prendre la voiture et d'emprunter les escaliers plutôt que de prendre l'ascenseur.

People are advised to walk or cycle instead of taking the car and to use the stairs rather than the elevator/lift.

*À défaut de sorties à la campagne, on nous conseille de nous exposer à la lumière du soleil et de marcher en plein air au moins 20 minutes par jour.

If we can't get out into the countryside, we are advised to expose ourselves to sunlight and walk outdoors for at least 20 minutes a day.

*Il vaut mieux faire une activité physique qui a des effets psychologiques bénéfiques et aide à mieux surmonter l'anxiété que de prendre des antidépresseurs.

It is better to do a physical activity with beneficial psychological effects to help overcome anxiety rather than take antidepressants.

La santé dans le monde

World health issues

l'état (m) de santé	the state of health
les carences (f) alimentaires	nutritional deficiencies
le sida/le VIH/la séropositivité	AIDS/HIV/HIV positivity
le paludisme/la malaria	malaria
le choléra	cholera
la tuberculose	tuberculosis
le cancer	cancer
les maladies (f) cardiovasculaires	cardiovascular diseases
les maladies contagieuses/infectieuses	contagious/infectious diseases
les maladies transmissibles	communicable diseases
les maladies sexuellement transmissibles	sexually transmitted diseases
les maladies héréditaires/génétiques	hereditary/genetic diseases
les maladies infantiles	childhood diseases
la mortalité infantile	child mortality/infant death
la grossesse précoce	teenage pregnancy
la malnutrition	malnutrition
la déshydratation	dehydration
le virus	virus
une épidémie/une pandémie/une flambée	epidemic/pandemic/outbreak
les produits pharmaceutiques périmés	out-of-date pharmaceutical products
mourir de faim	to starve to death
résister aux antibiotiques	to resist antibiotics
administrer des soins (m)/un traitement/un vaccin	to provide (give) care/a treatment/a vaccine
Je voudrais travailler dans une ONG pour pouvoir sauver des vies.	I'd like to work in an NGO in order to be able to save lives.
La sous-nutrition sévère compromet les fonctions immunitaires.	Severe under-nutrition compromises immune function.
Les populations qui vivent dans des conditions insalubres sont vulnérables face aux maladies.	People living in unsanitary conditions are vulnerable to disease.
*Dans certains pays, les besoins sanitaires ont augmenté de façon exponentielle.	In some countries, health needs have increased exponentially.
*Où qu'ils soient, les gens ont besoin de services et de personnel de santé mais l'accès aux soins est très inégal dans le monde.	Wherever they are, people need health services and personnel, but access to health care is very unequal around the world.
*Quoi que les organisations internationales fassent pour aider les populations vulnérables, il existera toujours des situations d'urgence sanitaire difficiles à gérer.	Whatever international organizations do to help vulnerable populations, there will always be health emergencies that are difficult to manage.
*Quelle que soit l'importance de la recherche médicale pour endiguer les flambées de maladies à virus, celle-ci reste malheureusement sous-financée.	Regardless of the importance of medical research to stem outbreaks of viral diseases, it remains sadly underfunded.

C Convictions et valeurs

Les grandes valeurs	Life's values
l'honnêteté (f)	honesty
l'intégrité (f)	integrity
la loyauté	loyalty
la fidélité	faithfulness, fidelity
le dévouement	dedication
la bonté (humaine)	(human) kindness
la discipline	discipline
la rigueur	rigour, strictness
le travail	work
la persévérance	perseverance, determination
la résilience	resilience
le respect (des autres)	respect (for others)
l'ouverture (f) d'esprit	open-mindedness
la tolérance	tolerance
la solidarité	solidarity
l'entraide (f)	mutual support
l'altruisme (m)	altruism, selflessness
l'égalité (f)	equality
la parité	equality, parity *(often between men and women)*
la liberté (d'expression)	freedom (of speech)
Liberté, égalité, fraternité (devise de la France et de Haïti)	'Freedom, equality, fraternity' *(national motto of France and Haïti)*
les convictions (f) politiques	political beliefs
le sens moral	moral sense, morality
l'esprit (m) critique	critical mind
le refus d'accepter les préjugés et la discrimination	refusal to accept prejudice and discrimination
le rejet du racisme et de la xénophobie	rejection of racism and xenophobia
exprimer un point de vue/une opinion/un sentiment	to express a point of view/an opinion/a feeling
avoir l'intime conviction que …	to have the firm conviction that …
croire sincèrement/profondément (en/à) …	to sincerely/deeply believe (in) …
être absolument convaincu(e) que …	to be utterly convinced that …
être de bonne foi/être de mauvaise foi	to act in good faith/in bad faith *or* to be sincere/dishonest
établir des relations basées sur le respect d'autrui	to establish relationships based on respect for others
apprendre à mieux se connaître et se respecter	to get to know and respect each other better
Ça m'énerve (quand …) (fam)/Ça me gosse *(au Québec)* (fam)	It annoys me (when …)

J'en ai marre (de)/J'en ai ras-le-bol (de) (fam) (id) *ou* Je suis tanné(e)! *(au Québec)* (fam)	I'm fed up (with)/I'm sick and tired (of)
Je dis non (à) (fam)	I say no (to)
(Il est) hors de question (de) (fam)	(It is) out of the question (to)
Je crois dur comme fer que (l'amour est plus important que tout.) (fam)	I believe passionately/wholeheartedly that (love is more important than anything else.)
Ce qui est important/fondamental pour moi, c'est d'(être ouvert(e) aux façons de penser différentes des miennes.)	What is important/crucial for me is (to be open to ways of thinking that are different from my own.)
Ce qui compte pour moi, c'est (de faire de mon mieux.)	What matters to me is (doing the best I can.)
Ce qui me tient à cœur, c'est (de pouvoir aider les moins nantis que moi.)	What I care about/What is close to my heart is (being able to help those less fortunate than me.)
Ce à quoi je suis très attaché(e), c'est (l'amitié.)	What I really care about is (friendship.)
Ce que je trouve insupportable/intolérable, c'est (l'hypocrisie et le mensonge/quand on a deux bouches *(en Côte d'Ivoire)* (id).)	What I find unbearable/intolerable is (hypocrisy and lying.)
Ce qui me paraît inadmissible/inacceptable, c'est (de juger les gens avant de les connaître.)	What I see as intolerable/unacceptable is (to judge people before knowing them.)
Il faut avoir conscience de l'impact de son comportement et de ses convictions sur les autres.	You must be aware of the impact of your behaviour and beliefs on others.
*Je suis contre **toute** idée préconçue ou généralisation.	I am against **all** preconceptions or generalisations.
*Je m'élève contre **tout** préjugé racial, social ou sexiste.	I challenge/protest against **any** racial, social or gender bias.
*Il est nécessaire de manifester son indignation devant **toute** injustice.	We must register our outrage when faced with **any** injustice.
*Il faut lutter/se battre contre **toute** forme d'homophobie, de sexisme ou de racisme.	We must fight against **all** forms of homophobia, sexism or racism.
*On doit contester **tous** stéréotypes, clichés et autres idées reçues.	We must challenge **all** stereotypes, clichés and other preconceived ideas.

Les croyances religieuses

Religious beliefs

l'église (f)/la mosquée/le temple/la synagogue	church/mosque/temple/synagogue
le monastère/le moine	monastery *(an enclosed community for a religious order of men/women)*/monk
le couvent/la religieuse/la sœur/la bonne-sœur (fam)	convent *(a religious community of men/women who are not part of a closed order)*/nun
le prêtre/le curé	priest
l'imam (m)/le pasteur/le rabbin	imam/vicar/rabbi
la messe/le service religieux	mass/religious service
la prière	prayer
les rites (m)/les rituels (m)	rites/rituals
le pèlerinage	pilgrimage
la fête religieuse	religious festival/holiday
le jeûne	fast

le christianisme/la religion (catholique) (protestante)	Christianity/(Catholic) (Protestant) faith
l'islam (m)/la religion musulmane	Islam/Muslim faith
le judaïsme/la religion juive	Judaism/Jewish faith
l'hindouisme (m)	Hinduism
le bouddhisme	Buddhism
le monothéisme	monotheism
l'agnosticisme (m)	agnosticism
l'athéisme (m)	atheism
l'œcuménisme (m)	ecumenism
la laïcité	secularity
le fondamentalisme religieux	religious fundamentalism
les guerres (f) de religion	religious wars
avoir la foi	to believe/to have faith
croire/être croyant(e)	to believe/to be a believer
pratiquer/être pratiquant(e)	to practise a religion/to be a practising member
appartenir à un groupe religieux	to belong to a religious group
Dans ma famille, la religion fait partie intégrante de notre identité.	In my family, religion is an integral part of our identity.
La pratique de ma religion (ne) tient (pas) une place importante dans ma vie quotidienne.	Practising my religion is (not) an important part of my daily life.
Je suis moi-même sceptique et rationaliste mais je comprends qu'on puisse avoir besoin de croire en quelque chose.	I am sceptical and a rationalist myself, but I understand that people may need to believe in something.
L'interdiction du port du voile intégral/niqab dans la sphère publique divise l'opinion publique française.	The ban on wearing the full-face veil/niqab in public spaces divides public opinion in France.
*La loi de 1905 a fait de la France un état laïc **du fait qu'**elle a séparé l'église et l'état.	The 1905 law made France a secular state **by** separating church and state.
*En France, le port de signes religieux extérieurs ostensibles est interdit dans les écoles publiques **étant donné qu'**ils peuvent servir à faire de la propagande.	In France, wearing conspicuous external religious symbols is prohibited in state schools **as they** can be used for propaganda.
*Certains condamnent les religions comme facteurs de repli identitaire **vu qu'**elles peuvent perpétuer le sectarisme et l'intolérance.	Some condemn religions for contributing to a fall back into nationalism **as they** can perpetuate sectarianism and intolerance.
*J'estime qu'on doit respecter les croyances des autres **dans la mesure où** ils respectent les vôtres.	I believe that we must respect the beliefs of others **as long as** they respect yours.
*Les croyances et les doctrines religieuses deviennent dangereuses **dès lors qu'**elles menacent la liberté individuelle.	Religious beliefs and doctrines become dangerous **when** they threaten individual freedom.

D Sous-cultures

À chacun sa tribu — To each their own tribe

le look	look, image
le genre musical	type of music
les activités (f) de loisirs	leisure activities
les opinions (f) politiques	political views
le groupe d'âge/la tranche d'âge	age group
l'origine (f) ethnique	ethnic background
l'identité (f) sexuelle	sexual identity
le sentiment d'appartenance	sense of belonging
le besoin d'appartenir à un groupe	need to belong to a group
la pression des pairs	peer pressure
suivre un mouvement de mode pour s'affirmer	to follow a fashion trend to assert yourself
suivre une tendance pour se fondre dans la masse	to follow a trend in order to blend in
refuser la dictature de la mode/des marques	to refuse to be a fashion victim/slave to designer labels
avoir les mêmes goûts (m)/des goûts en commun	to like the same things/to share the same tastes
adopter des signes (m) de reconnaissance/de ralliement	to adopt rallying signs
s'opposer à la culture de masse	to object to/resist mass culture
Les ados aiment évoluer au sein de leur tribu.	Teenagers love to be part of their tribe.
Les tatouages sont des façons de s'exprimer et d'affirmer sa personnalité.	Tattoos are a way to express yourself and assert your personality.
Beaucoup de jeunes adoptent les valeurs, les croyances et les symboles d'un groupe.	Many young people adopt the values, beliefs and symbols of a group.
Les jeunes sont très influencés dans leurs choix culturels par les médias et la publicité.	Young people are very influenced in their cultural choices by the media and advertising.
L'appartenance à un groupe, c'est comme avoir une deuxième famille, mais que l'on se choisit.	Belonging to a group is like having a second family, but one you choose for yourself.
La « culture jeune » est souvent déterminée par le sexe mais aussi par le milieu social.	Youth culture is often determined by your gender but also by your social background.
*Les jeunes cherchent à se distinguer de la culture dominante **en choisissant** un style spécifique de vêtements, d'accessoires et de coiffure.	Young people try to stand out from mainstream culture **by choosing** a specific style of clothing, accessories and hairstyles.
*Nous voulons nous démarquer des générations précédentes **en inventant** une nouvelle manière d'être et de consommer.	We want to stand out from previous generations **by inventing** a new way of being and consuming.
*Les membres d'un groupe adoptent un langage/un jargon propre à leur génération **en utilisant** des termes qu'eux seuls comprennent.	Group members adopt a language/jargon specific to their generation **(by) using** terms that only they understand.

L'attachement à ses racines

la culture régionale	regional/local culture
la langue	language
la gastronomie	cuisine/gastronomy
l'artisanat (m)	arts and crafts
l'art (m)	art(s)
les coutumes (f)/les traditions (f)	customs/traditions
la musique	music
l'architecture (f)	architecture
le paysage	landscape
un héritage culturel	cultural heritage
le patrimoine	heritage
se sentir chez soi	to feel at home
être attaché(e) à son pays d'origine/sa terre natale	to be attached to the country you come from/where you were born
retourner au bled *(en Afrique du Nord)*	to go back home
Mes racines, ce sont la musique celte, l'odeur de la mer et le goût des crêpes.	My roots are Celtic music, the smell of the sea and the taste of pancakes.
Beaucoup de citadins aiment faire un retour aux sources pendant leurs vacances.	Many city dwellers like to return to their roots during their holidays.

Les communautés expatriées

Ties to your roots

Expat communities

se sentir étranger dans son pays natal	to feel like a stranger in your home country
avoir le mal du pays	to be homesick
souffrir du choc culturel	to suffer culture shock
Mon pays me manque.	I miss my country.
On doit se refaire un nouveau cercle d'amis.	You have to make a new circle of friends.
L'éloignement resserre les liens d'amitié et familiaux.	Distance strengthens the bonds with friends and family.
Les parents essaient de transmettre leur culture d'origine tout en embrassant celle du pays d'accueil.	Parents try to pass on their culture of origin while embracing that of the host country.
*Vivre** des déménagements successifs peut faire qu'on se sente déraciné et qu'on perde ses repères.	**Living through** a series of house moves can make you feel uprooted and that you're losing your bearings.
*Avoir** un sentiment d'appartenance à une culture est sécurisant.	**Having** a sense of belonging to a culture makes you feel safe.
*Bien connaître** ses origines est d'autant plus important quand on mène une vie nomadique.	**Having a good knowledge of** your origins is all the more important when you're always on the move.
*Partir habiter** à l'étranger est une expérience enrichissante sur le plan culturel et ouvre des horizons nouveaux.	**Going to live** abroad is a culturally enriching experience and opens new horizons.

La vie en marge de la société

Quand c'est un choix ...

un(e) marginal(e)

l'anticonformisme (m)

la vie en communauté/la vie communautaire

l'habitat (m) participatif/intergénérationnel

faire le choix d'une vie alternative/choisir de vivre autrement

se démarquer de la norme

transgresser les règles (f) établies

refuser de s'adapter à un moule

vivre hors des sentiers (m) battus

tout plaquer (fam)

Certains préfèrent vivre en marge de la société plutôt que de se laisser prendre dans un engrenage.

De plus en plus de jeunes choisissent de vivre en symbiose avec la nature.

Ce n'est pas toujours facile de trouver l'équilibre parfait entre sa vie personnelle et professionnelle.

*Opter pour le « slow living » ou le mouvement « slow life », c'est opter pour **mieux** profiter de la vie.

*Les altermondialistes s'opposent au libéralisme économique et à la mondialisation et leur préfèrent une économie **plus** sociale et **moins** inégalitaire.

... et quand ce ne l'est pas

un SDF (sans domicile fixe)/un sans-abri

un exclu/un paria de la société

les laissé(e)s-pour-compte

les victimes (f) de la fracture sociale

se retrouver dans la rue

vivre dans la précarité

Beaucoup de familles sont en situation de grande pauvreté et dépendent entièrement des allocations sociales.

*On peut assez vite se désocialiser **suite à** un échec scolaire ou **à cause d'un** licenciement.

*La pauvreté **entraîne** la personne dans un cercle vicieux d'exclusion, d'humiliation et de perte d'estime de soi.

*Quand les circonstances **engendrent** l'exclusion sociale d'individus fragilisés économiquement, il n'est pas rare que la société les stigmatise.

Living on the fringes of society

When it is a choice ...

outsider/misfit

anti-conformism

communal living

participative/intergenerational housing

to choose an alternative life/to choose to live differently

to stand out from the crowd

to break the rules

to refuse to be cast in the same mould

to live off the beaten track

to drop out/quit

Some prefer to live on the margins of society rather than get caught up in something they can't get out of/a vicious cycle.

More and more young people are choosing to live in harmony with nature.

It's not always easy to find the perfect balance between your personal and professional life.

Choosing 'slow living' or the 'slow life' movement means choosing to enjoy life **better**.

Alter-globalists are against economic liberalism and globalization, preferring a **more** social and **less** unequal society.

... and when it is not

homeless person

outcast/someone excluded by society

social rejects/the ones left behind

victims of the social divide

find yourself living on the street

to live in inadequate and impoverished conditions

Many families live in extreme poverty and depend entirely on social/welfare (government) benefits.

You can quite quickly become a social outcast **after** failing at school or **because of** being made redundant.

Poverty can **lead/drag** someone into a vicious circle of exclusion, humiliation and loss of self-esteem.

When circumstances **lead to** the social exclusion of economically vulnerable individuals, it is not uncommon for society to stigmatize them.

E Langue et identité

La connaissance des langues	Knowing languages
la langue maternelle	mother tongue/home language
la langue étrangère/vivante	foreign/modern language
le monolinguisme/le bilinguisme/le multilinguisme	monolingualism/bilingualism/multilingualism
la langue officielle/régionale/indigène	official/regional/indigenous language
le dialecte/le patois	a dialect/a patois
le « parler jeune »/le jargon des ados	'youth speak'/teen jargon
le langage SMS	text language
un atout pour la vie/pour son CV/pour sa carrière	an asset for life/for your CV/for your career
la barrière de la langue	language barrier
être bilingue/trilingue	to be bilingual/trilingual
traduire/interpréter	to translate/to interpret
avoir des facilités pour apprendre une nouvelle langue	to have an aptitude for learning languages/find it easy to learn a new language
avoir une bonne maîtrise de la langue (écrite/parlée)	to have a good command of the language (written/spoken)
pouvoir communiquer dans la langue du pays que l'on visite/où l'on réside	to be able to communicate in the language of the country you are visiting/where you live
Chez moi/À la maison, on parle plusieurs langues, ce qui fait partie de notre identité.	At home, we speak several languages, which is part of our identity.
Je comprends et je lis l'arabe mais je ne le parle pas très bien.	I understand and read Arabic but I don't speak it very well.
Je parle anglais et chinois couramment, j'ai une bonne maîtrise du français et j'ai des bases en allemand.	I speak fluent English and Chinese, I have a good command of French and I have a basic knowledge of German.
Le verlan permet aux ados de se démarquer par rapport aux parents et d'affirmer leur identité dans leur groupe de pairs.	'Back slang' allows young people to be different from their parents and to assert their identity within their peer group.
Beaucoup pensent que la langue fait partie de l'identité de chacun et aussi de l'identité nationale.	Many think language is part of our personal as well as our national identity.
La connaissance du français ouvre les portes des pays francophones sur tous les continents.	Knowing French opens the doors of French-speaking countries on every continent.
Connaître des langues développe son ouverture d'esprit et sa tolérance envers d'autres cultures.	Knowing languages develops open-mindedness and tolerance towards other cultures.
***Il semble incontestable que** la pluralité linguistique **aille** de pair avec la richesse culturelle.	**It seems indisputable that** linguistic plurality **goes** hand in hand with cultural richness.
*Je **suis ravi(e) que** l'apprentissage d'une langue étrangère **soit** obligatoire pour le diplôme du IB.	**I am really happy that** learning a foreign language **is** compulsory for the IB diploma.
*J'approuve l'utilisation de l'écriture inclusive car **c'est normal que** la langue **suive** l'évolution des mentalités.	I'm all for the use of inclusive (gender-neutral) writing as **it's normal for** language to **evolve** with the way we think.
***C'est triste qu'**une langue **disparaisse** toutes les deux semaines.	**It's sad that** a language **disappears** every two weeks.

*À mon avis, **il est improbable qu'**une langue artificielle comme l'espéranto **puisse** devenir langue universelle.

In my opinion, **it is unlikely that** an artificial language such as Esperanto **could** become a universal language.

*Il est possible qu'**apprendre une langue **puisse** retarder la dégradation de la mémoire et des facultés cognitives.

It is possible that learning a language **may** delay memory loss and the deterioration of cognitive function.

Qui suis-je? (identité personnelle)

Who am I? (personal identity)

l'état (m) civil	personal information
la carte d'identité/le passeport	ID card/passport
les nom (m) et prénom (m)	last (*or* family) and first (*or* given) names
les date (f) et lieu (m) de naissance	date and place of birth
l'âge (m)	age
la (bi-)nationalité	(dual) nationality
la (les) langue(s) parlée(s)	language(s) spoken
le domicile/le lieu de résidence	home address
la famille/la situation familiale	family/marital status
les caractéristiques (f) physiques	physical characteristics
l'empreinte (f) digitale	fingerprint
la forme physique	level of fitness
le handicap	handicap
le caractère/le tempérament	personality/character/temperament
les centres (m) d'intérêt	interests/past times
les goûts (m) et les préférences (f)	tastes and preferences
le choix de loisirs	choice of leisure activities
les qualités (f) et les défauts (m)	qualities and faults
les gens que l'on fréquente/les connaissances	people you're friends with/acquaintances
les ami(e)s (intimes)	(close) friends
l'éducation (f)	education
le métier/la situation professionnelle/la carrière	job/job situation/career
les expériences (f)/le vécu/les souvenirs (m)	experiences/personal history/memories
les valeurs (f)/les convictions (f)	values/beliefs
l'orientation (f) sexuelle	sexual orientation

Je ressemble énormément à mon père.

I really look like my dad.

J'ai de qui tenir!/Les chiens ne font pas des chats! (fam) (id)

I'm a chip off the old block!/I know who I take after!/The apple doesn't fall far from the tree!

La famille et le milieu social influencent beaucoup qui on est.

Family and social environment have a big influence on who you are.

C'est fascinant de faire un arbre généalogique pour découvrir ses origines.

It's fascinating to make a family tree to discover your origins.

« Dis-moi ce que tu manges, je te dirai ce que tu es »
 Anthelme Brillat-Savarin (1755–1826)

'Tell me what you eat, and I will tell you who you are.'

« On ne naît pas femme, on le devient. »
Simone de Beauvoir (1908–1986)

'You are not born a woman, you become one.'

L'identité affecte la façon dont on se comporte avec les autres et dont on envisage l'avenir.

Identity affects the way you behave with others and how you look to the future.

Notre identité n'est pas fixe et évolue tout au long de notre vie.

Our identity is not fixed and evolves throughout our life.

On change parfois de personnalité selon les circonstances où on se trouve et les gens qu'on fréquente.

Sometimes, you change your personality depending on the circumstances you are in and the people you are with.

On se crée une identité numérique sur l'internet en laissant une empreinte à chaque utilisation.

We create our digital identity by leaving a trace each time we go online.

Il faut savoir maîtriser son identité virtuelle pour éviter les risques d'usurpation d'identité.

You must control your virtual identity to avoid the risk of identity theft.

*Nos gènes **interviendraient** beaucoup plus dans notre identité qu'on l'a cru jusqu'à présent.

Our genes **appear to play** a much greater role in our identity than we thought until now.

*D'après des scientifiques, nous **aurions** des comportements génétiquement programmés, comme l'envie de voyages et d'expatriation (le gène du nomadisme).

According to scientists, **it would appear that we have** genetically-programmed behaviours, such as the desire for travel and expatriation (the nomadic gene).

*L'appétit pour certains aliments et la façon de supporter l'alcool **seraient** des traits héréditaires.

What we like eating and the way we tolerate alcohol **are believed to be** hereditary traits.

*Nos façons de penser et nos opinions politiques **tendraient** également à des gènes qui **privilégieraient** le conservatisme ou l'envie de changement.

Our views and political opinions **appear to be determined** by genes which **seem to favour** either conservatism or the desire for change.

L'identité culturelle: la francophonie

Cultural identity: the French-speaking world

un pays francophone

French-speaking country

la langue officielle

official language

la langue d'instruction/de socialisation

language of instruction/of socialization

la 2ème langue la plus apprise au monde

the 2nd most learned language in the world

Plus de 235 millions de personnes ont le français en partage et l'utilisent quotidiennement.

More than 235 million people have French in common and use it daily.

Près de 60% des locuteurs quotidiens de français se trouvent en Afrique.

Nearly 60% of French speakers using French daily are in Africa.

Les nouvelles générations d'Africains intensifient leur usage du français et souhaitent transmettre la langue à leurs enfants.

New generations of Africans are increasing their use of French and wish to pass on the language to their children.

Certains considèrent le français comme un vecteur d'alphabétisation et de communication entre les peuples.

Some consider French as a tool for literacy and communication between peoples.

L'utilisation du français dans certains pays est le plus souvent le produit de la colonisation.

The use of French in some countries is most often due to colonisation.

Le français est parfois valorisé aux dépens des langues maternelles et cela crée du ressentiment.

French is sometimes valued at the expense of mother tongues and this creates resentment.

Certains estiment que la francophonie est une nouvelle forme de colonialisme culturel.

Some believe that Francophonie is a new form of cultural colonialism.

Expériences

A Activités de loisirs

Le temps libre / Free time

Le temps libre	Free time
les loisirs (m)	spare time (leisure time)
le loisir/le passe-temps	pastime
l'équilibre (m) études-loisirs/travail-vie personnelle	work-life balance
se libérer (se vider) l'esprit (m)	to free (clear) one's mind
se changer les idées (f)/s'évader	to take your mind off things/to escape
s'intéresser à	to be interested in
se passionner pour/avoir une passion pour/avoir la passion de	to have a passion for
se détendre/se relaxer/se divertir	to unwind/to relax/to have some fun
lever le pied (fam) (id)	to chill out/to slow down
se défouler (fam)	to unwind (let off steam)
Je suis un peu pantouflard(e). (fam)	I'm a bit of a stay-at-home person.
Mon truc, c'est … (fam)	Personally, I'm into …
Ça, ce n'est (vraiment) pas mon truc! (fam)	That's (really) not my thing!
Je n'ai pas beaucoup de moments de libre dans la journée.	I don't have a lot of free time during the day.
L'activité préférée des jeunes pendant leur temps libre, c'est de sortir entre copains.	Young people's favourite activity in their free time is going out with friends.
C'est important d'avoir des activités de loisirs à la fois relaxantes et épanouissantes.	It's important to have leisure activities that are both relaxing and fulfilling.
Mes amis et moi consacrons la plupart de notre temps libre à nos activités pour le programme CAS.	My friends and I spend most of our free time on our CAS activities.
*Ce qui attire de plus en plus de jeunes, ce sont les loisirs solidaires, comme faire du bénévolat pour une association.	What attracts more and more young people are community-based leisure activities, such as volunteering for a charity.
*Ce que certains préfèrent, c'est passer du temps chez eux, en famille.	What some people prefer is to spend time at home with their families.
*Ce dont nous avons tous besoin, c'est de décompresser après une longue journée de travail.	What we all need is to chill out after a long day at work.
*Ma passion, c'est le modélisme, ce à quoi je m'adonne pendant tous mes moments de détente.	My passion is model making, to which I devote all my leisure time.

Les activités sportives / Sports

Les activités sportives	Sports
le sport individuel/collectif	individual/team sport
un sport équestre/de glisse	equestrian/board sport
un sport aquatique/nautique	water sport
un sport extrême	extreme sport
une discipline sportive	sport/sport discipline
un entraînement	training

une rencontre sportive	sports event/sports match
une course à pied/cycliste/hippique/automobile	running/cycle/horse/motor race
faire partie d'une équipe/être membre d'un club	to be part of a team/to be a member of a club
faire une partie de tennis/un match de handball	to play a game of tennis/to be in a handball match
participer à un tournoi de rugby/un championnat d'athlétisme/un concours de pêche	to take part in a rugby tournament/a track and field championship/a fishing contest
faire un sport (de compétition/de haut niveau)	to do a (competitive/high level) sport
faire de [+ sport individuel]: faire du tir-à-l'arc/de la natation/de l'équitation (f)/des claquettes (f)	to do [individual sports]: archery/swimming/horse-riding/to tap dance
jouer à [+ sport collectif]: jouer au futsal/à la pelote basque/aux boules (f)	to play [team sports]: futsal/basque pelota/bowls
passer des heures sur un terrain de foot/un court de tennis/dans une salle de gym (de fitness)/au centre sportif/à la piscine/à la patinoire	to spend hours on a football pitch/on a tennis court/in a gym/at the sports centre/at the pool/at the ice rink
J'ai entraînement trois fois par semaine.	I have training three times a week.
Je m'intéresse aux sports en tant que spectateur/spectatrice.	I am interested in sports only as a spectator.
C'est un sportif de salon! (fam)	He is an armchair sportsperson!
Ma seule forme d'exercice, c'est sortir mon chien deux fois par jour et me promener en famille.	My only form of exercise is to take my dog out twice a day and to go for walks with my family.
*Personnellement, je ne supporte pas les salles de fitness alors je les évite le plus possible.	Personally, I can't stand gyms so I avoid them as much as possible.
*En ce qui me concerne, je sais que j'ai besoin de la dose d'adrénaline que me procurent les sports intenses comme l'escalade.	As far as I'm concerned, I know that I need the adrenaline boost that comes from intense sports like rock climbing.
*Quant à moi, le sport est surtout une occasion de passer du temps avec des amis.	As for me, sport is above all an opportunity to spend time with friends.

Les activités créatives et artistiques — Creative and artistic activities

la peinture/la sculpture/le dessin	painting/sculpture/drawing
le créacollage (au Québec)/le scrapbooking	scrapbooking
la poterie	pottery
le bricolage/le jardinage	do-it-yourself (DIY)/gardening
la musique/le théâtre	music/theatre (drama)
l'écriture (f) (d'un blog)	(blog) writing
tricoter/faire du tricot	to knit
coudre/faire de la couture	to sew
cuisinier/faire de la cuisine	to cook
collectionner/faire une collection	to collect
faire de la photo	to do photography
s'inscrire à un atelier de dessin	to join a drawing workshop
pratiquer un instrument de musique	to play a musical instrument
prendre des leçons de piano/violon/guitare	to take piano/violin/guitar lessons

chanter dans une chorale/jouer dans un orchestre	to sing in a choir/to play in an orchestra
participer à des spectacles de danse	to take part in dance shows
Je fais partie d'un groupe théâtral amateur et nous présentons deux spectacles chaque année.	I am part of an amateur theatre group and we put on two shows a year.
Je me suis inscrit(e) à un cours d'initiation à la robotique et j'ai déjà gagné plusieurs concours.	I joined an introductory course in robotics and I have already won several competitions.
Pour CAS, je me suis donné comme défi personnel de monter une exposition de mes tableaux.	For CAS, I gave myself the personal challenge of setting up an exhibition of my own paintings.
*Les loisirs créatifs sont devenus un phénomène de mode qui est de plus en plus commercialisé.	Creative leisure pursuits have become a fashion phenomenon that is increasingly commercialised.
*Les activités manuelles et artistiques sont très tendance en France, y compris chez les jeunes.	Arts and crafts are very trendy in France, including among young people.
*Le « fait-main » est un secteur en plein essor et exprime sans doute l'envie de consommer différemment.	Hand-made items are a booming sector and it probably is a sign we want to consume differently.

Les pratiques culturelles

Cultural practices

la télévision/la lecture	television/reading
le jeu de société	board game
le jeu vidéo/le jeu électronique/le jeu en ligne	video/electronic game/online gaming
les réseaux (m) sociaux	social networks
écouter la radio	to listen to the radio
jouer aux échecs/aux cartes	to play chess/cards
se cultiver	to educate yourself
aller (voir un film) au cinéma	to go and see a film at the cinema
aller voir une pièce de théâtre	to go and see a play (at the theatre)
aller à un concert (de musique classique/rock)	to go to a (classical/rock) concert
assister à un spectacle (musical/de danse/de cirque)	to see a (musical/dance/circus) show
aller voir une exposition au musée	to go and see an exhibition at a museum
aller dans un centre de loisirs	to go to a leisure centre/a holiday camp (for children)
La plupart des jeunes aiment aller à des soirées entre copains et sortir en boîte (de nuit), surtout quand il y a un bon DJ.	Most young people like to go to parties with friends and go clubbing, especially when there is a good DJ.
En France, beaucoup d'enfants sont abonnés à des magazines jeunesse.	In France, many children subscribe to youth magazines.
Depuis l'avènement du numérique, on fréquente moins les bibliothèques et on emprunte moins de livres.	Since the advent of digital technology, fewer people use libraries and people borrow fewer books.
*Il me semble que beaucoup de jeunes ont surtout envie d'assister à de grands rassemblements comme les festivals, les raves, ou les soirées entre amis.	It seems to me that many young people much prefer attending large gatherings such as festivals, raves, or parties with friends.
*Il semble que le niveau de scolarité et le coût souvent prohibitif des billets aient un effet sur la participation des jeunes à certaines activités culturelles.	It seems that the level of education and the often prohibitive cost of tickets have an impact on young people's participation in certain cultural activities.

B Vacances et voyages

Bonnes vacances!	Have a good holiday!
les grandes vacances (f)/les vacances scolaires	summer holidays/school holidays
les congés (m) (payés)	(paid) leave
des vacances chez soi/à la maison	holidays at home/staycations
des vacances au bord de la mer/à la campagne/à la montagne	holidays by the sea/in the countryside/in the mountains
un séjour linguistique (à l'étranger)	language study holiday (abroad)
un chantier de bénévoles/de restauration du patrimoine	volunteer/heritage restoration site project
la colonie/le camp de vacances	summer camp
des vacances solidaires/humanitaires	community work, volunteering during your holiday
des activités (f) organisées/un circuit touristique	organized activities/a tour
une station balnéaire/de sports d'hiver	seaside/winter sport resort
une formule vacances tout compris/ un forfait-vacances tout inclus	all-inclusive/package holiday
l'hébergement (m)	accommodation
sous la tente/dans une caravane/dans un mobile home	in a tent/in a caravan/in a mobile home
(aller) à l'hôtel (m)/dans une auberge de jeunesse/ dans un club de vacances/dans une location/dans un gîte/en chambre d'hôte/chez l'habitant (m)	(to stay) in a hotel/in a youth hostel/in a holiday resort/ in a holiday rental/in a gîte/in a guesthouse/with a local host
partir seul(e)/en famille/avec des amis	to go alone/with your family/with friends
séjourner/faire un séjour (sur la côte)	to stay (at the seaside)
faire du camping (sauvage)	to go (wild/off-site) camping
faire du couchsurfing	to do couchsurfing
faire du tourisme	to sightsee
faire des excursions (f) (à la journée)	to go (on day) sightseeing trips
Pour moi, les vacances riment avec grasse matinée/ farniente/se la couler douce (id)/bronzer à la plage	For me, holidays mean sleeping in/chilling out/taking it easy/sunbathing at the beach
Moi, j'ai la bougeotte (fam) et je préfère profiter pleinement de vacances actives en faisant le maximum de choses.	I personally have itchy feet/am always on the move and I like to enjoy active holidays to the full by doing as many things as I can.
Pour réussir ses vacances, il faut bien choisir son lieu de villégiature, par exemple un endroit avec une vie nocturne calme ou animée selon ses goûts.	To have a successful holiday, you must carefully choose where you stay, for instance a place with a quiet or lively night life according to what you like.
*Il faut faire état de l'importance des vacances pour l'esprit et le corps, pour oublier le quotidien et recharger ses batteries.	It is important to mention the importance of holidays for body and mind, to have a break from routine and recharge your batteries.
*Il faut bien souligner que les congés accordés aux employés profitent aussi aux employeurs par la hausse de la productivité et un meilleur moral au travail.	It should be emphasized that granting holidays to employees also benefits employers by increasing productivity and improving morale at work.
*On doit préciser que les vacances idéales n'impliquent pas forcément un voyage et qu'il est aussi profitable de rester à la maison à se détendre.	It should be noted that an ideal holiday does not necessarily imply a trip and that it is just as beneficial to stay at home and relax.

Bon voyage!

le trajet/l'itinéraire (m)	trip, journey/itinerary
(en) voiture/train/avion/bateau	by car/train/plane/boat
(à) moto/vélo/pied	by motorbike/by bike/on foot
en retard/retardé/annulé	late/delayed/cancelled
la haute saison/la basse saison	high/low season
une brochure/un dépliant (touristique)	(tourist) brochure/leaflet
des vacances bon marché	cheap holidays
prendre un vol low-cost/direct (avec escale)	to take a low-cost/direct flight (with a stopover)
faire une croisière (en péniche)	to go on a (houseboat) cruise
rater l'avion (m)/la correspondance	to miss the plane/the connection
composter le billet	to validate the ticket
consulter les horaires (m)	to check the timetable
acheter un aller simple/un aller-retour (en ligne)	to buy a one-way/return ticket (online)
réserver un siège/une cabine (en classe économie)	to book a seat/a cabin (in economy class)
faire une réservation à l'avance/à la dernière minute	to book in advance/at the last minute
faire un voyage organisé/voyager en individuel	to go on a package tour/to travel independently
louer une voiture/prendre une voiture de location	to rent a car/to get a rental car
faire de l'auto-stop (m)/faire du pouce (au Québec)	to hitch-hike
faire/défaire ses bagages/ses valises	to pack/unpack
enregistrer ses bagages en soute/de cabine/à main	to check in your hold/cabin/hand luggage
passer les contrôles (m) de sécurité/passer la douane	to go through security/customs

Have a good trip!

Certaines personnes ne supportent pas le décalage horaire et ont le mal des transports/le mal de mer. — Some people suffer from jet lag and get motion sickness/seasick.

« Un jeune qui a beaucoup voyagé est plus âgé qu'un vieux qui est toujours resté au village. » (proverbe du Gabon) — 'A well-travelled young person is older than an old man who has always stayed in the village.' (meaning that travel broadens the mind)

Pour certains jeunes, un voyage scolaire, c'est quitter le nid familial et leur zone de confort pour la première fois. — For some young people, a school trip means leaving the family nest and their comfort zone for the first time.

*Un forfait-vacances ne plaira pas à une personne qui cherche l'aventure mais à **celle qui** veut que tout soit organisé à l'avance. — A package holiday won't be for someone who is looking for adventure but for **someone who** wants everything to be organized in advance.

*Selon moi, le vrai voyageur est **celui qui** veut élargir ses horizons et découvrir les réalités sociales, culturelles et historiques des pays qu'il visite. — In my opinion, a true traveller is **someone who** wants to broaden their horizons and discover the social, cultural and historical realities of the countries they visit.

*Les voyages à l'étranger apportent un enrichissement intellectuel et culturel à **ceux qui** prennent du recul par rapport à leurs propres pratiques culturelles. — Travel abroad provides intellectual and cultural enrichment for **those who** take a step back from their own cultural practices.

*Les personnes qui trouvent les voyages stressants sont souvent **celles qui** ont peur de s'ouvrir sur de nouvelles façons d'être et de faire. — People who find travel stressful are often **those who** are afraid to open up to new ways of being and doing.

Les bienfaits du tourisme

| Benefits of tourism |

les qualités (f) d'un bon touriste: curieux, respectueux, ouvert, sociable, discret, propre — qualities of a good tourist: curious, respectful, open, sociable, discreet, clean

l'écotourisme (m)/le tourisme responsable/le tourisme éthique — ecotourism/responsible tourism/ethical tourism

une destination touristique populaire/prisée/phare — popular/sought-after/key tourist destination

un lieu inscrit au patrimoine mondial — World Heritage Site

un site protégé — protected site

des échanges (m) culturels — cultural exchanges

une source de revenus/un apport de fonds pour les communautés (f) locales — source of income/funds for local communities

la création d'emplois (saisonniers) — (seasonal) job creation

sortir des sentiers (m) battus — to go off the beaten track

faire un retour à la nature — to return to nature

goûter aux produits du terroir — to taste the local specialities

développer l'artisanat (m) local — to develop local crafts/the local craft economy

redonner vie à des régions dépeuplées — to revive depopulated regions

dynamiser l'économie locale et générer des emplois — to boost the local economy and generate jobs

Selon le proverbe, les voyages forment la jeunesse. — According to the proverb, travel broadens young people's minds.

Le tourisme représente un apport de capitaux étrangers qui est bénéfique à toute l'économie locale. — Tourism brings in foreign capital that benefits the entire local economy.

Le tourisme peut contribuer de manière significative à la réduction de la pauvreté dans un pays. — Tourism can make a significant contribution to reducing poverty in a country.

Le tourisme vert permet aux agriculteurs de continuer à maintenir et protéger la nature. — Green tourism allows farmers to continue to maintain and protect nature.

*L'écotourisme permet de découvrir un monde authentique **tout en contribuant** au développement économique de la région. — Ecotourism allows you to discover an authentic world **while contributing** to the economic development of the region.

*Grâce au tourisme, une région ou un pays peut moderniser ses infrastructures, comme les routes, les aéroports, les hôpitaux, **tout en exigeant** le respect de sa population et de l'environnement. — Thanks to tourism, a region or country can modernise its infrastructure, such as roads, airports, hospitals, **whilst demanding** respect for its population and the environment.

*L'agri ou agrotourisme, ou tourisme à la ferme, permet de découvrir le savoir-faire agricole d'un territoire, ses pratiques sociales et ses spécialités culinaires **sans pour autant** nuire à l'environnement. — Agri or agrotourism, or farm tourism, allows you to discover the agricultural know-how of an area, its social practices and its culinary specialities **without actually** harming the environment.

*L'intérêt des touristes pour les cultures locales contribue au maintien des coutumes, des traditions et du patrimoine architectural **sans pour autant** qu'elles deviennent un spectacle pour touristes. — Tourists' interest in local cultures contributes to maintaining customs, traditions and architectural heritage **without** them becoming a tourist show.

Les méfaits du tourisme

les défauts (m) du mauvais touriste: fermé, irrespectueux, intolérant, malpoli, râleur, pollueur

un piège à touristes

les arnaques (f) touristiques/les arnaques de voyage

le tourisme de masse

l'impact (m) environnemental/social du tourisme

des hordes (f) de touristes

la circulation/les embouteillages (f)

le surdéveloppement/la bétonisation du littoral

la saturation de certaines destinations

la fragilisation/la dégradation des sites (m)

la pollution et la diminution de la biodiversité

l'augmentation du coût de la vie pour les autochtones

souffrir des effets néfastes du tourisme

générer des nuisances sonores/générer des déchets

causer des dégâts irréversibles sur la faune et la flore

De plus en plus de logements sont transformés en locations saisonnières.

Louer ou acheter un logement devient inabordable pour la population locale.

Le tourisme noir consiste à visiter des lieux associés à la violence, à la catastrophe ou à la mort.

Certaines destinations touristiques sont au bord de l'asphyxie à cause de l'afflux saisonnier de vacanciers.

L'apport économique du tourisme est un mythe car en fait, les emplois qu'il crée sont saisonniers et donc précaires.

*Bien que les infrastructures soient nécessaires au tourisme de masse, elles dépassent les besoins de la population locale qui doit pourtant les financer et les entretenir.

*Quelle que soit l'importance du tourisme, il peut mener à la folklorisation de la culture locale, qui se réduit à un divertissement pour touristes et perd sa réalité.

*Il se peut que l'intention des touristes prenant part à des actions humanitaires soit bonne, mais le « volontourisme » transforme la pauvreté en attraction touristique et perpétue les stéréotypes.

Harmful effects of tourism

the faults of the bad tourist: narrow-minded, disrespectful, intolerant, rude/grumpy, dissatisfied, polluter

tourist trap

tourism scams/travel scams

mass tourism

environmental/social impact of tourism

hordes of tourists

traffic/traffic jams

overdevelopment of/massive construction along the coastline

saturation of certain destinations

damage to/degradation of sites

pollution and loss of biodiversity

increase in the cost of living for local people

to suffer from the negative effects of tourism

to generate noise pollution/waste

to cause irreversible damage to flora and fauna

More and more homes are being converted into seasonal rentals.

Renting or buying a house is becoming unaffordable for the local population.

Dark tourism is about visiting places associated with violence, disaster or death.

Some tourist destinations are on the verge of paralysis due to the seasonal influx of holidaymakers.

The economic contribution of tourism is a myth because, in fact, the jobs it creates are seasonal and therefore unstable.

Although infrastructure **is** needed for mass tourism, it exceeds the needs of the local population, which still has to finance and maintain them.

No matter how important tourism **is**, it can lead to the folklorisation of the local culture, which is reduced to being a tourist attraction and is no longer real.

It is possible that the intention of tourists taking part in humanitarian actions **may be** good, but 'voluntourism' (*or* volunteer tourism) transforms poverty into a tourist attraction and perpetuates stereotypes.

C Récits de vie

Les étapes de la vie	Stages of life
la naissance	birth
l'enfance (f)	childhood
l'adolescence (f)	teenage years, adolescence
la jeunesse	youth
l'âge adulte/l'âge mûr	adulthood/middle age
la vieillesse	old age
le décès/la mort	death
la grossesse	pregnancy
la maternité	maternity
un bébé/un nourrisson/un nouveau-né	baby/infant/newborn
un enfant en bas âge	toddler
un ado(lescent)	teenager, adolescent
un (jeune) adulte	(young) adult
une personne âgée, une personne du troisième âge/ les seniors	elderly person/senior citizens
avoir un petit copain/une petite copine	to have a boyfriend/girlfriend
avoir le coup de foudre (id)	to fall in love at first sight
vivre en couple	live together (as a couple)
fonder une famille	to start a family
être/tomber enceinte	to be/get pregnant
attendre un enfant	to be expecting (a child)
accoucher/mettre au monde un bébé	to give birth
aller à l'école maternelle/primaire au collège/au lycée/à l'université	to go to nursery school/primary school/secondary school/high school/university or college (US)
poursuivre des études (f) supérieures	to go into higher education
suivre une formation	to do a training course
apprendre un métier	to learn a trade
entrer dans la vie active	to start working
obtenir son premier emploi	to get your first job
prendre sa retraite	to retire
vieillir	to grow old
décéder/mourir	to die
Très peu de gens se souviennent de leur petite enfance.	Very few people remember their early childhood.
Certaines cultures célèbrent le passage d'une étape de la vie à l'autre par des cérémonies.	Some cultures celebrate the transition from one stage of life to another with ceremonies.
La vieillesse et la mort sont tabous dans certaines sociétés.	Old age and death are taboo in some societies.

« Le vieux se chauffe avec le bois récolté dans sa jeunesse. » *(proverbe africain)*

'The old man heats himself with the wood he harvested in his youth.' *(African proverb meaning in old age we reap the benefits of the hard work of our youth)*

*On dit que la vie est faite d'étapes qu'il faut franchir mais ne pas brûler.

Life **is said to be** made of stages that you must go through rather than skip over.

*On entend souvent dire que l'adolescence est l'étape la plus difficile de la vie parce que c'est une période de transition entre l'enfance et l'âge adulte.

It is often said that adolescence is the most difficult stage of life because it is a transition between childhood and adulthood.

*Certains affirment que la crise de l'adolescence n'est pas un passage obligé et qu'il est possible de vivre son adolescence de façon sereine.

Some say that the troubled teenage years are not inevitable and that you can go through your teens smoothly and serenely.

*Selon un grand nombre de gens, la meilleure étape de la vie est celle entre 18 et 35 ans quand on s'épanouit au travail et en famille.

According to many people, the best time of life is between the ages of 18 and 35 when you're happy at work and with your family.

*À en croire certains, le plus bel âge dans la vie serait celui du passage à la retraite quand on peut prendre le temps de se faire plaisir.

According to some, the best stage in your life may be retirement when you can take the time to enjoy yourself.

Le parcours personnel

Personal history

les origines/les racines — origins/roots

les influences — influences

les moments marquants/les événements majeurs — milestones/major life events

le meilleur/pire souvenir — the best/worst memory

tout d'abord/en premier lieu — first of all/in the first place

quand j'avais X ans … — when I was X years old …

durant cette période/pendant ce temps — during this period/time

en parallèle — at the same time, concurrently

ensuite, puis/après — then/after

c'est ainsi que — that's how

depuis ce moment-là/ce temps-là — since that time

suite à/à l'issue de — following/as a result of

se présenter — to introduce oneself

être originaire de … — to be/come from …

suivre un parcours (atypique) — to follow an (atypical) path

être le point de départ de … — to be the starting point for …

faire ses premiers pas dans … — to take your first steps in …

marquer un tournant/la fin de — to mark a turning point/the end of

avoir la chance de — to have the opportunity to

avoir de la chance — to be lucky

avoir la nostalgie de — to yearn for, to miss

écrire un journal intime — to keep a diary

Je suis né(e) et j'ai grandi en France. — I was born and raised in France.

Le passé de ma famille a une grande importance pour moi et influence ma vie. — My family's past is very important to me and influences my life.

J'estime qu'il est essentiel de savoir d'où on vient pour pouvoir savoir qui on est et ce qu'on veut faire.	I think it is essential to know where you come from in order to know who you are and what you want to do.
Le moment **dont** je me souviens le mieux, c'est notre déménagement à l'étranger quand j'avais 8 ans.	The moment I best remember is **when** we moved abroad when I was 8 years old.
Notre installation à Dubaï est un événement **qui** a tout changé dans ma vie.	Our move to Dubai is an event **that** changed my whole life.
L'endroit **où** j'ai été le plus heureux pendant mon enfance, c'est chez mes grands-parents où je passais tous les étés.	The place **where** I was happiest as a child was at my grandparents' house where I spent every summer.
Mon meilleur souvenir, c'est sans doute le jour **où** mes parents m'ont donné un chien!	My best memory is probably the day **when** my parents gave me a dog!
Mon premier jour à l'école internationale est un moment **que** je n'oublierai jamais.	My first day at the international school is a time **that** I will never forget.
***Avant de pouvoir** parler la langue du pays, je me sentais très isolé(e).	**Before being able to** speak the language of the country, I felt very isolated.
***Avant que** mes parents me **fassent** découvrir l'Asie, je voulais habiter aux États-Unis.	**Before** my parents **introduced** me to Asia, I wanted to live in the United States.
***Après avoir voyagé** seul(e) plusieurs fois et **après être allé(e)** en camp de vacances, j'ai pris confiance en moi.	**After travelling** alone several times and **going to** summer camp, I gained self-confidence.
***Après que** mes parents m'**ont inscrit(e)** dans des clubs, j'ai pu me faire de nouveaux amis.	**After** my parents **enrolled** me in clubs, I was able to make new friends.
***Ayant raté** mon examen d'entrée la première fois, j'ai redoublé d'efforts pour réussir!	**Having failed** my entrance test the first time, I worked twice as hard to succeed!
*N'**étant** jamais **allé(e)** dans le pays d'origine de mes parents, je me sens un peu déraciné(e).	**Having never been** to my parents' country of origin, I feel a little uprooted.

Les récits biographiques | Biographical stories

une (auto)biographie/une biographie romancée	(auto)biography/fictionalised biography
un journal (intime)	(private) diary/journal
des mémoires (m)	memoirs
un récit épistolaire	epistolary novel
un témoignage/un récit de vie	account/life story
une saga familiale	family saga
un (auto)portrait	(self-)portrait
se souvenir (de)	to remember/recall
témoigner	to bear witness
décrire des traits de caractère	to describe personality traits
retracer un parcours de vie	to tell your life story
raconter les événements déterminants de sa vie	to narrate the key events in your life
transmettre une expérience personnelle	to pass on personal experience
partager des moments intimes de sa vie privée	to share intimate moments of one's private life
replacer une personne dans son contexte historique	to put a person back in their historical context
expliquer le rôle joué par/l'importance de la personne	to explain the role played by/the importance of the person

D Les rites de passage

Les grands événements d'une vie	Major life events
un rite (religieux)	(religious) rite
un rite initiatique	initiation ritual
le baptême	baptism
la première communion	first (holy) communion
la circoncision	circumcision
le bar mitzvah/bat mitzvah	bar mitzvah/bat mitzvah
le mariage	marriage
le passage à la « grande école »	going to 'big school' *(ie to primary from nursery)*
l'entrée (f) en sixième	going to secondary school
le baccalauréat	baccalaureate
le diplôme	diploma/degree
la première voiture	first car
la majorité à 18 ans	majority/coming of age at 18
la Journée défense et citoyenneté (JDC)	Defence and Citizenship Day *(replaced military service)*
réussir le bac/baccalauréat	to pass the baccalaureate/the IB
avoir le droit de vote	to be able to vote
passer son permis de conduire	to get your driving licence
enterrer sa vie de garçon/sa vie de jeune fille	to have a stag night/hen night
faire l'expérience du bizutage	to experience a newcomer's initiation ritual
vivre une journée de bienvenutage (en entreprise) *(au Québec)*	to have a welcome day (to a company)

Chacun célèbre son rite de passage à l'adolescence ou à l'âge adulte selon l'endroit où il vit et la culture dans laquelle il grandit.

Everyone celebrates their rite of passage into adolescence or adulthood according to where they live and the culture in which they grow up.

Dans les sociétés traditionnelles, des rites d'initiation souvent violents accompagnent le passage de l'adolescent au statut d'adulte.

In traditional societies, initiation rites that are often violent mark the transition from teenage to adulthood.

*Le tatouage et le piercing, **que** l'on peut considérer comme des rites d'accession à un groupe, sont populaires chez les jeunes.

Tattooing and piercing, **which** can be seen as rites of passage to a group, are popular among young people.

*Il est des rites et des pratiques sociales **qui** doivent disparaître, comme l'excision et les mutilations génitales féminines.

There are rites and social practices **that** must be eradicated, such as excision and female genital mutilation.

*Le « syndrome du nid vide » affecte les parents **dont** les enfants quittent la maison pour l'université ou pour vivre seuls.

'The Empty Nest Syndrome' affects parents **whose** children leave home for university or to live alone.

*Suite à la crise économique, le « phénomène Tanguy », selon **lequel** les jeunes adultes restent plus longtemps chez leurs parents, retarde le départ rituel du foyer familial.

Because of the economic crisis, the 'Tanguy syndrome' **where** young adults live longer at their parents' home, delays the ritual departure from the family home.
(The 'Tanguy syndrome' comes from a French-speaking film where a man is reluctant to leave his parents' house.)

E Coutumes et traditions

Les fêtes de famille	Family celebrations
une célébration (laïque/religieuse)	(secular/religious) celebration/'do'
la fête (du prénom)	(name day) special occasion, party
un anniversaire/une fête *(au Québec)*	birthday
un anniversaire de mariage	wedding anniversary
un cadeau (de Noël/d'anniversaire/de mariage)	(Christmas/birthday/wedding) present
les étrennes (du premier de l'an)	New Year's gift *(money)*
le réveillon de Noël/de la Saint Sylvestre	Christmas Eve/New Year's Eve
la fête des mères/des pères	Mother's/Father's day
un repas de famille/de fiançailles/de mariage	family/engagement/wedding meal
une cérémonie civile (à la mairie)	civil ceremony (at the town hall) *(wedding)*
une pendaison de crémaillère	housewarming party
les réjouissances/les festivités	celebrations/festivities
faire la fête	to celebrate/have a party
envoyer un faire-part (de mariage/de naissance)	to send a (wedding/birth) announcement
envoyer une carte de vœux	to send a greeting card
se réunir/se retrouver en famille	to get together with family
réveillonner	to celebrate Christmas Eve/New Year's Eve
se mettre sur son trente-et-un (fam) (id)	to get dressed up
prendre l'apéritif (l'apéro (fam))	to have a pre-dinner drink
prendre un verre/boire un pot/trinquer (fam)	to have a drink
jeter des cotillons à minuit	to throw streamers/confetti at midnight
s'embrasser/se faire la bise (sous le gui)	to kiss (underneath the mistletoe)
se souhaiter Joyeux Noël/Bonne Année/Bon Anniversaire	to wish one another Merry Christmas/Happy New Year/ Happy Birthday
Beaucoup préfèrent ne pas manquer aux traditions, comme le jeûne du Carême ou du Ramadan.	Many prefer not to miss traditions, such as fasting for Lent or Ramadan.
Selon moi, les fêtes peuvent maintenir ou resserrer les liens familiaux/intergénérationnels.	In my opinion, special occasions maintain or strengthen family/intergenerational ties.
Toutes les sociétés célèbrent généralement les différentes étapes de la vie en famille: baptêmes, communions, fiançailles, mariages et obsèques.	All societies tend to celebrate the different stages of life with family: baptisms, communions, engagements, weddings and funerals.
La plupart des Français célèbrent les fêtes religieuses comme la fête des Rois (l'Épiphanie) et Pâques en famille, qu'ils soient croyants ou pas.	Most French people celebrate religious holidays such as Twelfth Night (Epiphany) and Easter with family, whether they are believers or not.
*Noël est plus familial que le Nouvel An, **celui-ci** étant le plus souvent célébré entre amis.	Christmas is more of a family occasion than New Year, **the latter** being mostly celebrated with friends.
*Certains n'aiment pas l'idée d'une réunion de famille parce que **celle-ci** risque de réactiver ou d'intensifier des tensions familiales existantes.	Some people do not like the idea of a family reunion because **it** may reactivate or intensify existing family tensions.

*Quoi qu'en disent les gens qui trouvent les repas de famille longs et ennuyeux, **ceux-ci** permettent de partager des moments importants autour de valeurs communes.

Regardless of what people say about long and boring family meals, **they** provide an opportunity to share important moments around common values.

*Les détracteurs des fêtes de famille mentionnent souvent le fait que **celles-ci** sont devenues trop commercialisées, comme Pâques ou la Saint-Valentin.

Those who dislike family occasions often mention the fact that **they** have become too commercialised, such as Easter or Valentine's Day.

Jours de fêtes

(Public) holidays/special days

un jour férié	public holiday
la Fête Nationale	National Day
un feu d'artifice	fireworks
un bal (musette)	dance (with accordion music)
une commémoration (l'Armistice de 1918/1945)	commemoration (the Armistice of 1918/1945)
une kermesse/fête des écoles	school fête
un stand	stall/table (eg at a school fête)
défiler sur un char décoré	to parade on a decorated float
faire un tour à la fête foraine	to go to the fun fair
célébrer la fête du Travail/de la Musique/des Voisins	to celebrate Labour Day/World Music Day/Neighbours' Day
assister au défilé du carnaval/du 14 juillet/du 1er mai	to attend the march/parade for Carnival/14th July/Labour Day
favoriser un sentiment de cohésion nationale	to foster a sense of national cohesion

Certaines fêtes ont pour but de commémorer les valeurs, comme la famille, l'éducation, le travail et le patriotisme pour souder une communauté.

Some celebrations are intended to commemorate values, such as family, education, work and patriotism, as a way of uniting a community.

Pour la Toussaint, les Français se rendent au cimetière pour nettoyer et se recueillir sur les tombes de leurs proches disparus.

For All Saints' Day, the French go to cemeteries to clean and reflect at the graves of their departed loved ones.

On célèbre la fête du Travail le 1er mai par des défilés avec des slogans et des pancartes où sont écrites les revendications des syndicats de travailleurs.

Labour Day is celebrated on 1st May by parades with slogans and signs that reflect the demands of workers' unions.

*Des cérémonies **sont organisées** chaque année pour fêter l'Armistice du 11 novembre et rendre hommage à tous les soldats décédés en opération.

Ceremonies **are held** annually to celebrate Armistice Day and to pay tribute to all the soldiers who died in action.

*Des bleuets **sont portés** à la boutonnière pour symboliser le soutien et la solidarité envers les anciens combattants et leur famille.

Cornflowers **are worn** in the lapel to symbolize support and solidarity for veterans and their families.

*La fête de la Musique, mondialement connue, **a été créée** en France en 1982 par le ministre de la Culture de l'époque.

The world-famous World Music Day **was created** in France in 1982 by the then Minister of Culture.

*La tradition française d'offrir un brin de muguet comme porte-bonheur à ses proches le 1er mai a perduré **après avoir a été lancée** au 16ème siècle.

The French tradition of offering loved ones a sprig of lily-of-the-valley to bring good luck on 1st May has continued **after being introduced** in the 16th century.

Patrimoine et culture

le patrimoine architectural/industriel/historique/artistique/rural	architectural/industrial/historical/artistic/rural heritage
l'héritage (m) culturel	cultural heritage
les journées du patrimoine	local heritage days
les arts et traditions populaires/culinaires	popular/culinary arts and traditions
le savoir-faire artisanal	craftsmanship
la rentrée littéraire	start of the new publishing season
les archives nationales	national archives
un monument classé monument historique	listed historical monument
le festival de Cannes (cinéma)/d'Avignon (théâtre)	Cannes film festival/Avignon theatre festival
le salon du Livre/de l'Agriculture/de l'Automobile	book fair/agricultural show/motor show
faire un travail de conservation	to do conservation work
restaurer (un chef-d'œuvre)	to restore (a masterpiece)
protéger les sites naturels classés	to protect conservation areas
renforcer l'image du pays à l'étranger	to enhance the country's image abroad
conserver les témoignages du passé	to preserve vestiges of the past
préserver la mémoire collective d'une région/d'un pays	to preserve the collective memory of a region/country

Les festivals sont une véritable institution en France, avec plus de 3000 événements culturels pendant l'été.

Festivals are a real institution in France, with more than 3000 cultural events during the summer.

Il est tout aussi important de conserver et de célébrer le patrimoine immatériel, telles la gastronomie ou la danse.

It is equally important to preserve and celebrate intangible cultural heritage, such as gastronomy or dance.

Le patrimoine artistique de beaucoup de pays colonisés a été pillé et j'estime qu'il devrait désormais leur être rendu.

The artistic heritage of many colonised countries was looted and I believe that it should now be returned to them.

*Selon moi, les musées sont nécessaires pour conserver, mettre en valeur et **faire découvrir** les richesses du patrimoine.

In my opinion, museums are necessary to preserve, enhance and **showcase** our rich heritage.

*Le travail de restauration doit être un choix entre **faire reconstruire** un monument historique endommagé à l'identique ou en le modernisant.

Restoration work requires a choice between **rebuilding** a damaged historic monument exactly as it was or modernizing it.

*L'hymne national et le drapeau sont des symboles patriotiques forts qui **font naître** un sentiment de fierté nationale et d'appartenance à une communauté.

The national anthem and flag are strong patriotic symbols **that create** a sense of national pride and community.

Heritage and culture

F Migration

Les causes de l'immigration	Causes of immigration
le migrant (économique)	(economic) migrant (in the process of migrating)
un émigré	emigrant (leaving their country)
un immigré	immigrant (settled in a new country)
le réfugié politique/climatique	climate change refugee/political refugee
le demandeur d'asile	asylum seeker
le sans-papier	illegal immigrant
le ressortissant	immigrant/foreign national/citizen
un étranger	foreigner
un apatride	stateless person
un expatrié/expat (fam)	expatriate/expat
un nomade planétaire	global nomad
le pays d'origine/la terre natale	country of origin/homeland
le pays d'asile/d'adoption	country of asylum/adoption
l'expatriation (f)	expatriation
le titre de séjour	residence permit
quitter son pays pour des raisons politiques/économiques/personnelles/familiales	to leave your country for political/economic/personal/family reasons
s'enfuir d'une zone de guerre/conflit	to flee a war/conflict zone
fuir les persécutions/la misère	to flee from persecution/from complete poverty
échapper à une mort presque certaine	to escape an almost certain death

Contrairement aux réfugiés, la plupart des expatriés font le choix délibéré de voyager pour poursuivre un rêve ou un travail à l'étranger.

Unlike refugees, most expatriates make the deliberate choice to travel in order to pursue a dream or a job abroad.

Les déplacements des populations ont toujours existé mais la révolution industrielle a déclenché des migrations en masse.

People have always moved from one country to another but industrial revolution brought about mass migration.

*Un grand nombre de migrants quittent leur pays et partent à la recherche de travail **dans le but d'assurer** un meilleur avenir et une meilleure qualité de vie pour leurs enfants.

Many migrants leave their countries and seek work **in order to ensure** a better future and a better quality of life for their children.

*Le regroupement familial a été instauré **de manière à permettre** aux familles de ressortissants étrangers, titulaires d'un titre de séjour en règle, de les rejoindre dans le pays d'adoption.

Family reunification was introduced **in order to enable** families of foreign nationals who hold a valid residence permit to join them in their country of adoption.

*Entre 1945 et 1975, la France a fait venir un grand nombre de travailleurs non-qualifiés du Maghreb francophone et d'autres anciennes colonies françaises **de façon à combler** le manque de main-d'œuvre.

Between 1945 and 1975, France brought in a large number of unskilled workers from French-speaking Maghreb and other former French colonies **to remedy** the labour shortage.

Les avantages d'une société diverse / Benefits of a diverse society

Les avantages d'une société diverse	Benefits of a diverse society
la société multiculturelle/pluriethnique/plurielle	multicultural/multi-ethnic society
la double appartenance culturelle	belonging to two cultures
le métissage de la société	mixing of cultures/melting pot
un enrichissement personnel, social et culturel	personal, social and cultural enrichment
la population jeune et active	young and active population
une société plus dynamique	more dynamic society
une augmentation de mariages et de couples mixtes	increase in mixed marriages and mixed couples
un nombre d'élus d'origine étrangère en hausse	increasing number of elected officials from foreign backgrounds
permettre aux esprits de s'ouvrir et d'être curieux	to allow minds to open up and be curious
découvrir d'autres manières de penser et de vivre	to discover other ways of thinking and living
éradiquer les peurs de ce qu'on ne connaît pas	to eradicate fears of the unknown
mettre fin aux clichés et aux stéréotypes	to put an end to clichés and stereotypes
tirer le meilleur parti du brassage des cultures	to make the most of the mixing of cultures
faire appel à l'immigration pour résoudre les problèmes de vieillissement de la population	to use immigration to solve the problems of an ageing population
respecter les mœurs, les coutumes, la langue et les valeurs de chaque groupe ethnique	to respect the way of life, customs, language and values of each ethnic group
Les immigrés contribuent à l'économie en travaillant, en consommant et en payant des impôts.	Immigrants contribute to the economy by working, consuming and paying taxes.
Les immigrés font souvent des tâches que les habitants du pays d'accueil refusent de faire.	Immigrants often do tasks that the inhabitants of the host country refuse to do.
Une cohabitation réussie et un décloisonnement social peuvent éviter l'extrémisme et l'intégrisme.	Successful cohabitation and breaking down social barriers can avoid extremism and fundamentalism.
Une société de diversité culturelle encourage la tolérance, le respect de l'autre et l'égalité entre tous.	A culturally diverse society promotes tolerance, respect for others and equality among all.
La France est connue comme « terre d'accueil » depuis la Révolution de 1789, quand l'asile est devenu un droit pour toute personne persécutée.	France has been known as a 'land of refuge' since the French Revolution of 1789, when asylum became a right for any victim of persecution.
*Je suis d'avis que s'intégrer à la société du pays dans lequel on vit ne doit pas impliquer oublier ses origines étrangères.	I believe that integrating into the society of the country in which you live should not mean forgetting your foreign origins.
*Je soutiens qu'une société dans laquelle les minorités peuvent conserver leur identité culturelle est plus harmonieuse et plus équilibrée.	I maintain that a society in which minorities can retain their cultural identity is more harmonious and balanced.
*Je suis absolument persuadé(e) que les avantages d'une société multiculturelle dépassent de beaucoup les inconvénients comme on peut le constater dans le modèle canadien.	I am absolutely convinced that the advantages of a multicultural society far outweigh the disadvantages, as shown by the Canadian model.
*Je ne peux m'empêcher de penser que ne pas reconnaître que notre société s'est enrichie par l'immigration est de la mauvaise foi.	I can't help but think that not acknowledging that our society has become richer through immigration is being disingenuous.

Les problèmes du point de vue des migrants

le trafic clandestin	illegal trafficking
les camps de détention	detention camps
le choc culturel	culture shock
le racisme/la haine raciale/la xénophobie	racism/racial hatred/xenophobia
le harcèlement policier	police harassment
le rejet/l'exclusion (f)/la marginalisation	rejection/exclusion/marginalisation
l'inégalité (f) des chances des minorités ethniques	unequal opportunities for ethnic minorities
la ségrégation au quotidien	segregation in everyday life
un chemin parsemé d'embûches	path full of pitfalls
payer des passeurs des sommes exorbitantes	to pay smugglers extortionate sums of money
traverser la mer dans des embarcations de fortune	to cross the sea in makeshift boats
avoir tout à réapprendre	to have to relearn everything
intégrer les codes du nouveau pays	to learn the codes of the new country
avoir à faire face aux préjugés	to have to deal with prejudices
devenir des boucs émissaires	to become scapegoats
devoir vivre dans des quartiers difficiles	to have to live in problem neighbourhoods
vivre une véritable galère (fam)	to live through absolute hell
travailler au noir (fam)	to work without being declared/to moonlight

Les immigrés, même de deuxième ou troisième génération, sont souvent confrontés à des discriminations raciales.

Immigrants, even second or third generation immigrants, often face racial discrimination.

Certaines cités des banlieues sont de véritables ghettos où de nombreux jeunes issus de l'immigration se sentent exclus.

Some suburban estates can be real ghettos where many young people from an immigrant background feel excluded.

Les problèmes du point de vue des autochtones

Problems from the perspective of the native population

la crise migratoire	migratory crisis
l'immigration (f) illégale/clandestine	illegal immigration
les immigrés en situation irrégulière	illegal immigrants
l'existence d'un climat d'insécurité/de méfiance	existence of a climate of insecurity/mistrust
la société éclatée en communautés	society split into communities
représenter une menace à la paix sociale, aux valeurs et au mode de vie des habitants « de souche »	to pose a threat to social peace, values, and way of life of the 'native' population
devoir protéger son identité nationale	to have to protect one's national identity

Selon certains, si le pays a besoin d'une main d'œuvre flexible et bon marché, elle doit rester saisonnière et temporaire.

According to some, if the country needs a flexible and cheap labour force, it must remain seasonal and temporary.

Certains sont convaincus que les immigrés prennent le travail et les allocations des gens du pays.

Some are convinced that immigrants take the work and social benefits of the local people.

Les solutions possibles

Un discours national sécuritaire

la reconduite à la frontière

l'expulsion (f)/la déportation/le rapatriement

la ségrégation

la déchéance de nationalité

l'immigration « choisie »

imposer de quotas

durcir la lutte contre l'immigration clandestine

endiguer le flux migratoire

exiger l'assimilation des immigrés plutôt qu'encourager leur intégration ou insertion

Ce que préconisent certains partis politiques d'extrême droite, c'est la fermeture des frontières pour tous, sauf aux personnes hautement qualifiées.

Une politique d'accueil et d'ouverture aux migrants

la liberté de circulation

la régularisation des sans-papiers

la discrimination positive à l'embauche

l'obtention (f) du droit de vote

l'acquisition (f) de la citoyenneté

la politique du « vivre-ensemble »

offrir des cours d'alphabétisation

éviter la ghettoïsation/la ségrégation/le repli identitaire

promouvoir la diversité et la compréhension interculturelle par des initiatives multiculturelles

dénoncer l'esprit de clocher (id)/l'intolérance

L'immigration est une question au cœur des débats politiques depuis les années 80, avec un dilemme permanent entre humanité et nationalité.

Le solde migratoire de la France est stable depuis plus de 30 ans.

La cohabitation entre des communautés d'origines et de cultures diverses est un défi et un enjeu démocratiques.

*La libre circulation des personnes peut réussir pourvu que l'on conserve l'équilibre du pays d'accueil.

*On pourra endiguer le racisme à condition que les lois punissent suffisamment toute incitation à la haine raciale.

*La migration ne diminuera pas à moins que l'on répartisse mieux les richesses et que l'on investisse dans l'amélioration des conditions de vie dans les pays pauvres.

Possible solutions

A national security-related discourse

escort(ing) back to the border

expulsion/deportation/repatriation

segregation

losing your nationality

selective immigration

to impose quotas

to get tougher on illegal immigration

to stem the flow of migration

to demand from immigrants that they assimilate rather than encouraging their integration

What some far-right political parties are advocating is closing the borders to all apart from highly-qualified people.

A policy of welcoming and integrating migrants

freedom of movement

regularisation of illegal immigrants

positive discrimination when recruiting

gaining the right to vote

acquiring citizenship

policy for 'social cohesion'

to offer literacy classes

to avoid creating ghettos/segregation/a retreat into nationalist ideas of identity

to promote diversity and intercultural understanding through multicultural initiatives

to denounce parochialism/intolerance

Immigration has been a central issue in political debates since the 1980s, with a constant dilemma between humanity and nationality.

France's net migration has been stable for more than 30 years.

Cohabitation between communities of different origins and cultures is a challenge and a concern for democracy.

The free movement of people can work provided it doesn't upset the balance of the host country.

Racism can be contained as long as laws sufficiently punish any incitement to racial hatred.

Migration will not decrease unless wealth is better distributed and investments are made to improve living conditions in poor countries.

A Divertissements voir 2 A

Les bons côtés des divertissements … — Good things about entertainment …

l'activité (f) de loisir agréable	enjoyable leisure activity
la source de plaisir	source of pleasure
l'échappatoire (f) aux réalités	escape from reality
le grand choix d'émissions de télé	large choice of TV programmes
la télévision en replay/en rattrapage (au Québec)	catch-up television
se détendre	to relax
se cultiver	to educate yourself/improve your culture
combattre l'ennui	to fight against boredom
stimuler son imagination	to stimulate your imagination
découvrir le monde extérieur	to open up to/to discover the outside world

Les jeux vidéo donnent la possibilité de ressentir de nouvelles sensations inaccessibles dans la vie réelle. — Video games offer the opportunity to experience new sensations that are not possible in real life.

La valeur éducative de visites virtuelles, possibles sur les sites web des musées, est indiscutable. — The educational value of virtual tours, possible on museum websites, is undeniable.

*Si chaque époque et chaque société a ses propres divertissements, c'est que se divertir est un besoin universel et un trait de culture. — If each era and each society has its own forms of entertainment, it is because entertaining yourself is a universal need and a feature of each culture.

*Si la culture « avec un grand C » est si riche, c'est qu'elle peut à la fois distraire et poser un regard instructif sur le monde qui nous entoure. — If culture ('with a capital C') is so rich, it's because it can both entertain and educate us about the world around us.

… et les moins bons — … and the not so good things

la culture/les divertissements de masse	mass culture/entertainment
un effet de dépendance (aux écrans/aux séries/aux réseaux sociaux)	addiction (to screens/series/social networks)
la banalisation de la vulgarité/de la violence	normalisation of vulgarity/violence
un manque d'effort intellectuel	lack of mental effort
favoriser la paresse	to encourage laziness
manipuler les esprits (dans un but commercial)	to manipulate minds (for commercial purposes)

Beaucoup d'émissions de télé sont superficielles et dépourvues de tout intérêt. — Many TV shows are superficial and devoid of any interest.

La technologie permet de zapper entre différentes activités ce qui nuit à la concentration. — Technology allows you to switch between different activities, which affects concentration.

*Certains jeux vidéo sont dangereux et nuisibles à la santé mentale car ils sont abrutissants, voire violents. — Some video games are dangerous and damaging to mental health because they are mind-numbing or possibly violent.

*La télé-réalité fait souvent l'apologie du voyeurisme, de l'individualisme voire de l'humiliation, en banalisant la méchanceté et l'élimination des plus faibles. — Reality TV often promotes voyeurism, individualism, or even humiliation, by normalizing nastiness and the elimination of the weakest.

*Avec les réseaux sociaux, le divertissement se transforme de plus en plus en perte de temps, voire même en addiction. — With social networks, entertainment is increasingly becoming a waste of time and even an addiction.

Séries TV et télé-réalité: qu'en penser?

ça me détend/ça me fait rire

ça me fait rêver/ça me transporte/je m'évade dans un autre univers

ça me touche/ça m'émeut

ça me captive/ça me fascine

ça ne m'intéresse pas/ça m'ennuie

ça m'énerve/ça me gêne/ça m'écœure

Les séries TV

Les séries rassemblent des publics très divers et facilitent les contacts entre les gens qui **en** discutent entre eux.

On ne peut pas s'empêcher de regarder plusieurs épisodes d'une traite/l'intégralité d'une série.

Certaines séries sont des phénomènes mondiaux et l'engouement pour ces séries-cultes augmente.

*Certaines séries reflètent la difficulté de la vie quotidienne et **en** sont le mode d'expression culturelle le plus populaire.

*Les séries sont conçues de façon à créer le suspense pour accrocher les spectateurs qui **en** deviennent dépendants.

La télé-réalité

Ces émissions abordent de nombreux problèmes sociaux de façon à les faire connaître au grand public.

La télé-réalité peut nous apprendre des choses sur la nature humaine et élargir notre expérience.

Les émissions de télé-réalité sont conçues pour ridiculiser les candidats et deviennent vite abrutissantes.

La télé-réalité est dégradante et devrait être strictement contrôlée puisqu'elle peut être dangereuse pour la santé mentale des participants et des spectateurs.

*Lors d'un télé-crochet, **n'importe qui** peut espérer atteindre la célébrité qui n'est plus réservée à une élite.

*On peut demander aux participants de ces émissions de faire **n'importe quoi,** y compris des choses cruelles, humiliantes ou avilissantes.

*Rien n'est réel dans la télé-réalité et beaucoup de choses sont mises en scène pour battre les records d'audience **à n'importe quel** prix.

TV series and reality TV: what to think of them?

it relaxes me/it makes me laugh

it makes me dream/it transports me/I escape to another world

it touches me/it moves me

it captivates me/it fascinates me

it doesn't interest me/I'm bored *or* it bores me

it annoys me/it bothers me/it sickens me

TV series

Series bring together a wide range of audiences and encourage contact between people who discuss **them**.

You can't help binge-watching several episodes/a whole series.

Some series are global phenomena and the passion for these cult series is increasing.

Some series reflect the difficulty of daily life and are **its** most popular cultural form of expression.

Series are designed to create cliffhangers to hook the viewers who get addicted **to them**.

Reality TV

These programmes address many social issues in order to make them known to the general public.

Reality TV can teach us about human nature and broaden our experience.

Reality TV shows are designed to ridicule candidates and quickly become mind-numbing.

Reality TV is degrading and should be strictly controlled since it can be damaging to the mental health of participants and viewers.

During a talent show, **anyone** can hope to achieve a moment of fame which is no longer reserved for an elite.

Participants in these shows can be asked to do **anything**, including things that are cruel, humiliating or degrading.

Nothing is real in a reality TV show and many things are staged to break audience records **at any** cost.

B Expressions artistiques

Les différentes formes d'art	Different art forms
le dessin	drawing
la peinture	painting
la sculpture	sculpture
l'architecture (f)	architecture
la musique	music
la danse classique/contemporaine	classical/modern dance
le mime	mime
le théâtre	theatre
la poésie	poetry
la littérature	literature
les beaux-arts	fine arts
les arts plastiques/graphiques/visuels/décoratifs/médiatiques/culinaires/de la scène	plastic/graphic/visual/decorative/media/culinary/performing arts
l'art (m) lyrique/l'opéra (m)	operatic art/opera
l'art classique/moderne/contemporain/figuratif/abstrait	classical/modern/contemporary/figurative/abstract art
l'art de la rue/urbain/éphémère	street/urban/ephemeral art
l'art de conter/la tradition orale	storytelling/oral tradition
la contrefaçon/le faussaire	counterfeiting(forgery)/forger
s'inscrire dans un genre/un mouvement/un courant artistique	to be part of a genre/trend/artistic movement
apprécier/être un amateur de musique/être un amateur de sport	to appreciate/be a music lover/be a sports enthusiast
subventionner	to fund/subsidise

En France, le cinéma est souvent appelé le 7ème art, avec comme 8ème les arts médiatiques (photographie, télévision, radio) et comme 9ème la bande dessinée.

In France, cinema is often called the 7th art, with media arts (photography, television, radio) as the 8th and comic strip as the 9th.

L'art est le reflet de l'inconscient de l'artiste et le fruit d'une inspiration et d'un savoir-faire.

Art is a reflection of the artist's unconscious mind and the result of inspiration and know-how.

Les artistes cherchent de nouveaux modes d'expression en phase avec leur époque, comme les installations multimédia ou numériques du 21ème siècle.

Artists are seeking new modes of expression that are in step with their times, such as 21st century multimedia or digital installations.

*Certains affirment qu'un art majeur requiert un travail d'initiation aux techniques artistiques, comme l'opéra, contrairement à un art mineur, comme la chanson de variétés.

Some argue that major arts require training in artistic techniques such as opera, unlike a minor art, such as pop music.

*Certains maintiennent que les graffiti sont une forme d'art populaire et non un acte de vandalisme.

Some maintain that graffiti is popular art and not an act of vandalism.

*Beaucoup soulignent que savoir ce qu'est l'art est un problème philosophique que l'on débattra toujours puisque les critères de l'art ne font pas l'unanimité.

Many emphasize that knowing what art is is a philosophical issue which we'll always debate as there's no consensus on what the criteria for art are.

3

Ingéniosité humaine

Parler d'une œuvre d'art

Talking about a work of art

un chef-d'œuvre	masterpiece
la mise en scène/le cadrage/l'éclairage/le montage/la composition	staging (production/direction) /framing/lighting/editing/composition
le choix des formes/des couleurs/du genre/des acteurs	choice of shapes/colours/genre/actors
le parti pris de l'auteur/du metteur en scène/du réalisateur/du chef d'orchestre/du chorégraphe	choices made by the author/stage director/film director/conductor/choreographer
la vie/la biographie de l'artiste	artist's life/biography
la date de création de l'œuvre	date of creation of the work
le contexte historique	historical context
la source d'inspiration	(source of) inspiration
le sujet traité/le thème abordé/la thématique	subject/topic/theme
la démarche de l'auteur/de l'artiste	author's/artist's approach
la signification/le message de l'œuvre	meaning/message of the work
la réaction du public/des critiques	reaction of the audience/critics
les références culturelles	cultural references
la portée/l'influence d'une œuvre	impact/influence of a work
l'importance d'une œuvre dans l'histoire de l'art	importance of a work in art history
avoir un style personnel/reconnaissable/novateur	to have a personal/recognisable/innovative style
appartenir à un mouvement/un courant artistique	to belong to an artistic movement/trend
offrir une interprétation personnelle	to offer a personal interpretation
représenter/symboliser	to represent/symbolize
émouvoir le public/le spectateur	to move the audience/viewer
s'identifier (à)	to identify (with)
exprimer son ressenti face à l'œuvre	to express what one feels about the work
C'est sublime! C'est à couper le souffle! C'est top! (fam)	It's wonderful! It's breathtaking! It's great!
Ça n'a rien d'extraordinaire/Ça ne me fait ni chaud ni froid/Ça ne m'emballe pas (fam)	It's nothing special/I wasn't hugely impressed/I'm not crazy about it
Ça ne vaut rien/C'est une perte de temps/C'est un navet (d'un film)/C'est une véritable croûte (d'un tableau) (fam)	It's rubbish/It's a waste of time/It's a dud (about a film)/It's garbage (about a painting)
*Ce qui me frappe/Ce qui m'interpelle dans cette œuvre, c'est **non seulement** sa dimension esthétique **mais également** sa signification symbolique.	What strikes me/What moves me in this work is **not only** its aesthetics **but also** its symbolism.
*Ce ne sont **pas uniquement** les qualités stylistiques de l'œuvre qui provoquent notre réaction **mais aussi** nos propres émotions et notre vécu.	It is **not just** the stylistic qualities of the work that make us react to it **but also** our own emotions and experience.
*La valeur d'une œuvre est **à la fois** déterminée par sa qualité, son originalité, la notoriété et le talent de son auteur **mais surtout** par le marché et la loi de l'offre et de la demande.	The value of a work is determined **simultaneously** by its quality, its originality, its author's reputation and talent, but **above all** by the market and the law of supply and demand.

À quoi sert l'art?

À quoi sert l'art?	**What is the purpose of art?**
une émotion unique/une sensation intérieure	unique emotion/deep feeling
un moment d'évasion	moment of escape
un regard posé sur le monde	way of looking at the world
un produit de spéculation commerciale	product of commercial speculation
l'art (m) engagé/contestataire/subversif	politically aware/protest/subversive art
générer/susciter une émotion/une réaction	to generate/arouse an emotion/a reaction
faire voir le monde/la vie d'une façon différente	to show the world/life in a different way
s'exprimer/exprimer un sentiment profond	to express yourself/express a deep feeling
créer du beau	to create beauty
laisser libre cours à son imagination	to let your imagination run wild
capter l'imaginaire du public	to capture the public's imagination
faire appel à toutes nos perceptions sensorielles	to call upon all our senses
célébrer une personne/un lieu/un moment/une histoire	to honour a person/place/time/story
renforcer des valeurs	to strengthen values
enrichir la culture du pays	to enrich the country's culture
contribuer au patrimoine culturel	to contribute to the cultural heritage
être le témoin d'une époque	to be the witness of an era
refléter/évoquer une époque	to reflect/evoke an era
faire rêver/réfléchir	to make you dream/think
faire passer un message/une idée/une vision	to convey a message/an idea/a vision
se démarquer/se distancer des codes établis	to stand out/distance yourself from established codes
dénoncer/rejeter/transgresser les normes/les traditions	to denounce/reject/transgress norms/traditions
provoquer/choquer/scandaliser	to provoke/shock/scandalize

Les œuvres d'art nous apprennent beaucoup sur la vision du monde d'un peuple à une époque donnée.

Works of art teach us a lot about a people's world view at a given time.

L'art contestataire, comme la caricature ou la satire, peut faire l'objet d'une censure.

Protest art, such as caricature or satire, can be censored.

Une œuvre artistique, c'est peut-être inutile dans notre vie quotidienne mais c'est indispensable à notre humanité.

A work of art may be of no use in our daily lives, but it is essential to our humanity.

*Pour le poète français Lamartine, les musées sont « les cimetières des Arts », **ce qui revient à dire qu**'il faut en faire des lieux plus vivants, plus ludiques, plus interactifs.

For the French poet Lamartine, museums are 'the cemeteries of the Arts', **which means that** they should become more lively more fun, and more interactive.

*L'art ne représente pas la réalité mais exprime une émotion par rapport à la réalité ; **en d'autres termes**, il nous permet de voir la réalité à travers le prisme de l'artiste.

Art does not represent reality but expresses an emotion in relation to that reality; **in other words**, it allows us to see reality through the lens of the artist.

*Entre les mains de collectionneurs privés et de marchands d'art, les œuvres sont des placements financiers **à savoir qu**'elles sont achetées dans un but purement lucratif.

In the hands of private collectors and art dealers, works are financial investments, **meaning** they are purchased purely for profit.

C Communications et médias

Les médias traditionnels	Traditional media
la presse écrite (gratuite/spécialisée)	print media (free/specialised press)
un journal (quotidien/régional/satirique)	(daily/regional/satirical) newspaper
un journal à sensation/à scandale/une feuille de chou (fam)	tabloid/rag
un magazine sportif/jeunesse/féminin/« people »	sports/youth/women's/celebrity magazine
une revue hebdomadaire/mensuelle/bi-mensuelle	weekly/monthly/bi-monthly review
une publication disponible en kiosque	publication available on newsstands
une (station de) radio (locale)	(local) radio (station)
une chaîne d'information (du service public/privée/en ligne)	(public/private/online) information channel
le journal (télévisé)/le JT/les informations/les infos	news on television
les lecteurs/auditeurs/téléspectateurs	readers/listeners/viewers
une colonne/un éditorial/une rubrique/une chronique	column/editorial/feature/chronicle
le courrier des lecteurs/les faits divers	readers' letters/small news items of the day
une édition spéciale/un hors-série	special edition/special issue
une grille de programmes	TV listings
une émission en direct/en différé/en replay/en rattrapage (au Québec)	live/pre-recorded/catch-up programme (show)
un journaliste/reporter/rédacteur (en chef)/présentateur/animateur	journalist/reporter/editor (in chief)/presenter/host
se tenir informé	to keep up-to-date (informed)
s'abonner/souscrire un abonnement à	to subscribe/to take out a subscription to
feuilleter	to flip through
parcourir/survoler les gros titres	to browse/skim the headlines
paraître/être publié	to come out/be published
faire la une (des journaux)	to make the front page (of the newspapers)
rédiger un article	to write an article
animer un débat	to chair a debate
passer à l'antenne	to be broadcast
passer aux heures de grande écoute/après 21 h	to be on at prime time/after the watershed (or 9.00 pm – before this time only programmes suitable for children are shown)
Beaucoup de radios ont leur application/appli et on écoute les émissions sur des plateformes digitales.	Many radio stations have an app and people listen to programmes on digital platforms.
La plupart des médias classiques ont un site web où on lit les nouvelles gratuitement.	Most mainstream media have a website where you can read the news free of charge.
*Tout le monde s'accorde à penser que les médias traditionnels sont appelés à disparaître car ils ne correspondent plus aux besoins des nouvelles générations.	Everyone tends to agree that traditional media are likely to disappear because they no longer meet the needs of new generations.
*Il est généralement admis que les jeunes se détournent des sources traditionnelles d'information au profit des réseaux sociaux.	It is generally accepted that young people are turning away from traditional sources of information in favour of social networks.

L'internet et les réseaux sociaux

Internet and social networks

la télévision connectée	smart TV
le service de vidéo à la demande (VSOD)	video-on-demand
la diffusion en flux/le streaming	streaming
un fil d'actualité	timeline
la baladodiffusion/le podcasting	podcast
le chat/le clavardage *(au Québec)*	chatting online
un blog/blogue *(au Québec)*	blog
un billet/un post (sponsorisé)	(sponsored) blog post
un blogueur/un Youtubeur	blogger/YouTuber
un enfant du numérique/un natif numérique *(au Québec)*	digital native
diffuser un message/un contenu	to post a message/content
faire le buzz/devenir viral	to go viral
rester dans sa bulle	to be in your bubble
participer à la production des contenus	to take part in producing content
mettre/ajouter son grain de sel (fam) (id)	to put in your two pennyworth/two cents
se tenir au courant/rester dans le coup (fam)	to keep informed/to keep up

Sans les réseaux sociaux, on se sent vite largué. (fam)

Without social networks, you quickly feel left out.

En France, 80% des jeunes se tiennent informés via les réseaux sociaux.

In France, 80% of young people keep informed via social networks.

Le principal usage de l'internet est le partage par les internautes sur les plates-formes des réseaux sociaux.

The main use of the internet is net users sharing on social network platforms.

Les réseaux sociaux ont créé de nouvelles habitudes de lecture et de nouveaux modes de consommation de l'information.

Social networks have created new reading habits and new ways of consuming information.

Les smartphones – dont près de 95% des 15-34 ans sont équipés – ont sonné le glas du petit écran chez les jeunes.

Smartphones – which almost 95% of 15-34 year-olds use – have killed off television among young people.

L'internet permet de s'informer, de s'exprimer et de communiquer plus facilement mais ceci non sans danger, comme celui des contenus inappropriés et du cyber-harcèlement.

The internet makes it easier to get information, express oneself and communicate, but this is not without risk, such as inappropriate content and cyber-bullying/stalking.

***Alors que** les médias classiques comme la presse écrite restent assez chers, l'accès à l'information sur les réseaux sociaux est gratuit.

While traditional media such as newspapers remain quite expensive, access to information on social networks is free.

*Dans la presse écrite, l'information prend du temps et n'est pas interactive, **tandis que** sur les réseaux elle est immédiate et participative.

In newspapers, information is slow-moving and not interactive, **whilst** on networks it is immediate and participative.

***Contrairement** aux médias classiques, et **à l'inverse** de leur raison d'être qui est de s'adresser au plus grand nombre, les réseaux sociaux offrent des contenus personnalisés.

Unlike traditional media, and **contrary to** their raison d'être, which is to reach the greatest number of people, social networks offer personalised contents.

Info ou infox?

la désinformation/les fausses informations/l'infox (f)/ les fake news (f)	misinformation/false information/fake news
la liberté de la presse/d'expression	freedom of the press/of speech
le devoir d'impartialité/d'objectivité	duty of impartiality/objectivity
le biais médiatique	media bias
la propagande	propaganda
la manipulation des esprits	manipulation of minds
la censure/l'autocensure	censorship/self-censorship
la dictature du politiquement correct	the dictatorship of political correctness
renforcer son esprit critique	to strengthen your critical thinking skills
savoir décrypter les infos/les images	to know how to decode the news/images
évaluer la validité et la fiabilité de l'information	to assess the validity and reliability of the information
vérifier les sources de l'info	to check the sources of information
faire des recherches croisées dans un moteur de recherche	to do cross-searches in a search engine
apprendre à analyser le contenu médiatique pour voir s'il est fiable	to learn to analyse media content to see if it is reliable
savoir faire la différence entre information et opinion	to be able to tell the difference between information and opinion
distinguer le vrai du faux	to distinguish between what is true and false
éviter de réagir en direct à l'actualité	to avoid reacting instantly to current affairs
se donner le temps d'analyse et de réflexion	to give yourself time for analysis and reflection
se forger sa propre opinion	to form your own opinion
On doit partager/relayer sur ses réseaux uniquement les messages dignes de confiance.	You should only share/relay trustworthy messages on your networks.
Les rumeurs prolifèrent sur les forums et les réseaux sociaux parce que leurs auteurs peuvent garder l'anonymat.	Rumours spread easily on forums and social networks because their authors can remain anonymous.
Le « journalisme jaune » veut faire sensation avec des titres trompeurs, des articles tape-à-l'œil et des photos retouchées.	'Yellow journalism' (or 'tabloid journalism') aims to make a splash with misleading headlines, flashy news items and touched-up photos.
*Chaque année, en France, *la Semaine de la presse et des médias* a pour objectif d'aider les enfants à utiliser les outils numériques avec discernement **pour ne pas** se faire manipuler.	Every year, in France, the *Press and Media Week* aims to help children use digital tools wisely in order **to avoid** being manipulated.
***Pour ne pas** se laisser duper, on doit se méfier des titres accrocheurs et des contenus qui invitent au partage sur les grandes plateformes.	**To avoid** being fooled, one must be wary of catchy titles and contents that encourage sharing on major platforms.
*Il est très facile d'exister dans une bulle médiatique hermétique qui renforce nos convictions et de **ne pas** être du tout conscient des opinions divergentes.	It is very easy to exist in a sealed media bubble which reinforces our beliefs and **not** be at all aware of different opinions.
*On doit signaler les contenus choquants ou illicites pour **ne pas** les laisser se propager sur la toile.	Shocking or illegal content must be reported **to stop** them going viral on the web.

News or fake news?

D Technologie

La technologie dans la vie quotidienne	Technology in everyday life
l'outil (m)	tool
l'appareil (m) électroménager	household appliance
la puce électronique	(micro)chip
l'ordinateur (m)	computer
le logiciel	software
l'écran (m) tactile	touch-screen monitor
l'imprimante (f) 3D	3D printer
le smartphone/le portable/le cellulaire *(au Québec)*	mobile/cell phone
la voiture électrique/autonome	electric/driverless car
la maison connectée/intelligente	connected/smart home
les TIC (technologies de l'information et de communication)	ICT (information and communication technologies)
l'intelligence (f) artificielle	artificial intelligence/AI
un technophile/un technophobe	technophile/technophobe
faciliter/simplifier la vie de tous les jours	to facilitate/simplify everyday life
améliorer les conditions de vie et de travail	to improve living and working conditions
automatiser les tâches ménagères/le travail répétitif	to automate household tasks/repetitive work
réduire l'effort humain	to reduce human effort
faire gagner du temps	to save time
faire partie intégrante du quotidien	to be an integral part of everyday life

Selon moi, l'électricité et l'internet sont les inventions qui ont impacté le plus la vie quotidienne de l'homme.

In my opinion, electricity and the internet are the inventions that have had the greatest impact on people's daily lives.

Désormais, on s'imagine mal pouvoir vivre sans technologie.

Now (From now on), it is hard to imagine being able to live without technology.

Les nouvelles technologies prennent de plus en plus de place dans notre vie quotidienne — pour le meilleur et pour le pire …

New technologies occupy more and more space in our daily lives — for better or for worse …

Une offre de plus en plus vaste d'objets innovants et l'obsolescence programmée créent un cercle vicieux de consommation

An ever-increasing supply of innovative objects and built-in obsolescence create a vicious circle of consumption

*La manière dont les innovations technologiques influenceront notre existence dans le futur est incertaine; **j'espère qu'**elles **seront** respecteuses de l'environnement.

How technological innovations will influence our existence in the future is uncertain; **I hope** they **will be** environmentally friendly.

*Les technologies de pointe symbolisent la modernité et le progrès. **Espérons qu'**elles ne **dériveront** pas vers des utilisations néfastes pour l'homme.

State-of-the-art technologies symbolize modernity and progress. **Let's hope** they **will not move towards** uses harmful to man.

***Il faut espérer que** le « low-tech » **sera** la voie opposée à celle du « high tech », coûteuse et polluante, et **s'inscrira** dans la philosophie du développement durable.

Let's hope that low-tech **will be** the opposite of expensive and polluting high-tech, and **will be part** of the philosophy of sustainable development.

Les avantages d'un monde connecté | The benefits of a connected world

l'internet (m)/la toile/le web	internet/web
la connexion wifi/le wifi	wifi connection/wifi
le fournisseur d'accès	service/access provider
le moteur de recherche	search engine
le service de messagerie	messaging service
les achats (m) en ligne/le magasinage en ligne *(au Québec)*	online shopping
le commerce électronique	e-commerce
le (système de localisation) GPS	GPS *(global positioning system)*
la démocratisation des informations	democratisation of information
télécharger de la musique, des vidéos, des films	to download music, videos, films
avoir accès à toutes sortes d'informations instantanément et gratuitement	to have access to all kinds of information instantly and free of charge
être joignable partout et à tout moment	to be reachable anywhere, anytime
communiquer et rester en contact avec ses amis et sa famille	to communicate and stay in touch with friends and family
utiliser la technologie à bon escient	to use technology wisely

L'internet permet de se créer un réseau virtuel de personnes qui partagent les mêmes centres d'intérêt.

The internet allows you to create a virtual network of people who share the same interests.

On peut sortir de l'isolement par le biais des forums ou des réseaux sociaux.

You can break out of isolation through forums or social networks.

Être connecté à l'internet veut dire avoir accès au monde entier et faire partie du « village planétaire ».

Being connected to the internet means having access to the whole world and being part of the 'global village'.

L'internet peut protéger l'environnement en réduisant l'utilisation de moyens de transport polluants.

The internet can protect the environment by reducing the use of polluting means of transport.

*L'internet permet le travail à domicile et aussi beaucoup d'autres choses, **par exemple** faire des réservations ou gérer ses finances, sans avoir à sortir de chez soi.

The internet makes working from home possible and many other things too, **such as** making reservations or managing your finances, without having to leave your home.

*La révolution numérique a permis la création de services très innovants, **entre autres** les opérations chirurgicales à distance, les téléconférences et les visites virtuelles.

The digital revolution has enabled the creation of highly innovative services, **including** remote surgery, teleconferencing, and virtual tours.

*Les réseaux sociaux permettent l'organisation de mouvements politiques et sociaux; **prenons à titre d'exemple** les Gilets Jaunes en France ou le Printemps Arabe en Tunisie.

Social networks help with setting up political and social movements; **for instance** the Yellow Vests in France or the Arab Spring in Tunisia.

*Si l'internet n'existait plus, ce serait la fin de l'ère informatique et l'homme serait obligé de se réadapter dans tous des domaines d'activités **comme** l'éducation, la santé, le commerce, la finance, les loisirs, etc.

If the internet no longer existed, it would be the end of the computer age and man would have to readapt in all areas of activity **such as** education, health, commerce, finance, leisure, etc.

*Avec la technologie multi plate-forme de l'internet, on est entré dans l'âge du tout-connecté avec une multitude de services accessibles depuis des terminaux différents **tels** le portable, l'ordinateur, la télé, etc.

With multi-platform internet technology, we have entered the age of the all-connected with a multitude of services accessible from different devices **such as** mobile phones, computers, television, etc.

Inconvénients et dangers de la cybersociété

Disadvantages and dangers of a cyber-society

un courriel indésirable/un pourriel *(au Québec)*	spam
une cyber-attaque/une cyber-intrusion/un virus/un logiciel espion/un programme malveillant	cyberattack/cyber intrusion/virus/spyware/malware
le cyber-harcèlement/la cyber-criminalité	cyberbullying (stalking)/cybercrime
la dépendance/l'addiction	dependency/addiction
la violation de la propriété intellectuelle	infringement of intellectual property
l'usurpation d'identité	identity theft
la perte de confidentialité	loss of confidentiality
l'arnaque (f)/l'escroquerie (f)/l'hameçonnage (m)	scam/phishing
le prédateur du net/le réseau pédophile	online predator/paedophile ring
s'isoler dans une vie virtuelle/se désocialiser	to isolate oneself in virtual life/to withdraw socially
être exposé à des images violentes ou choquantes	to be exposed to violent or shocking images
subir les effets malsains de la lumière bleue et des ondes électromagnétiques	to suffer the unhealthy effects of blue light and electromagnetic waves

Les contacts virtuels sont dangereux car on ne connaît pas toujours la véritable identité des gens avec qui on communique.

Virtual contacts are dangerous because you don't always know the true identity of the people you are communicating with.

Il est presque impossible d'effacer les informations données sur un réseau social.

It is almost impossible to delete information from a social network.

Toutes les informations numériques stockées dans des entrepôts de données sont vulnérables aux attaques.

All digital information stored in data warehouses is vulnerable to attacks.

L'internet facilite la propagation d'idées extrémistes dangereuses.

The internet helps the spread of dangerous extremist ideas.

Le plagiat et le piratage sont devenus de véritables fléaux pour les créateurs.

Plagiarism and piracy have become a real curse for creators.

Certains spécialistes accusent l'internet de réduire nos facultés cognitives, entraînant des difficultés de concentration, de compréhension et de mémorisation.

Some specialists accuse the internet of reducing our cognitive faculties, making it harder for us to concentrate, understand, and memorize.

Plus de travail fait par les robots, cela veut dire la disparition de certains corps de métier et moins de travail pour l'homme qui devient obsolète.

More work done by robots means the disappearance of some trades and less work for humans who become obsolete.

Certains éléments de notre cybersociété peuvent devenir des atteintes à la vie privée, comme la vidéosurveillance et les puces électroniques.

Some elements of our cyber-society can breach our privacy, such as video surveillance and electronic chips.

Notre vie quotidienne est organisée par une technologie qui la facilite tout en permettant un contrôle constant.

Our daily life is organized by a technology that facilitates it while allowing constant control.

*La majorité des pays dépendent **profondément** de l'informatique et ne plus avoir d'internet serait **assurément** une catastrophe.

Most countries are **deeply** dependent on IT and no longer having the internet would **certainly** mean disaster.

*L'industrie du numérique consomme **énormément** d'énergie (10% de l'électricité mondiale), **particulièrement** à cause du visionnage de vidéos et la gestion de la cryptomonnaie.

The digital industry consumes **a lot of** energy (10% of the world's electricity), **especially** because of video viewing and the management of cryptocurrency.

*Comme toute technologie, l'internet est un outil à double tranchant et la nécessité de le contrôler pour empêcher les dérives est **absolument** évidente.

Like most technology, the internet is a double-edged sword and the need to control it to prevent abuse is **absolutely** obvious.

E Innovation scientifique

voir 1 B

De grandes avancées de la science	Great advances in science
la théorie de l'évolution	theory of evolution
le concept d'immunisation/la vaccination	concept of immunization/vaccination
la radiographie/les rayons X	radiography/X-rays
la pasteurisation	pasteurization
les antibiotiques (m)	antibiotics
la greffe d'organes/les implants (m)	organ transplant/implants
la fécondation in vitro	in vitro fertilization
les moyens (m) de contraception	contraceptive methods
les prothèses (f)	prosthetics
le clonage	cloning
l'impression (f) en 3D	3D printing
l'intelligence (f) artificielle	artificial intelligence/AI
la fission nucléaire	nuclear fission
l'exploration spatiale et ses retombées	space exploration and its applications
la thérapie à base de cellules souches	stem cell-based therapy
la structure de l'hélice d'ADN	structure of the DNA helix
le séquençage du génôme humain	sequencing of the human genome
l'ingénierie (f) génétique	genetic engineering
la robotique	robotics
faire/mener des recherches (f)	to do/conduct research
faire des essais (m)/des tests (m)/des expériences (f)	to perform trials/tests/experiments
utiliser l'expérimentation animale	to use animal experimentation
passer au stade expérimental sur sujets humains	to move to the experimental stage on human subjects
faire usage de technologies révolutionnaires	to use revolutionary technologies
Les innovations médicales peuvent permettre d'éradiquer certaines maladies héréditaires.	Medical innovations can help to eradicate certain hereditary diseases.
La mise au point de l'anesthésie a permis de procéder à des interventions chirurgicales longues et complexes.	The development of anaesthetics has made it possible to perform long and complex surgical procedures.
La découverte de la méthode de chirurgie de l'ADN, CRISPR-Cas9, permet des avancées dans la thérapie génique.	The discovery of the DNA surgical method CRISPR-Cas9 has made advances possible in gene therapy.
*Il y a des chances que les innovations médicales fassent un véritable bond en avant dans le traitement des maladies liées à l'âge, comme Alzheimer.	It is likely that medical innovations will make a real leap forward in the treatment of age-related diseases, such as Alzheimer's.
*Il n'est pas impossible que la recherche sur les trous noirs puisse un jour permettre les déplacements à la vitesse de la lumière.	It is not impossible that research into black holes will one day make travelling at the speed of light possible.
*Il se pourrait que dans un avenir plus ou moins lointain, la téléportation, comme dans les films de science-fiction, devienne réalité.	It may be that in the not too distant future, teleportation as seen in science fiction films will become a reality.

Le progrès scientifique	Scientific progress
Les bienfaits	**Benefits**
comprendre l'homme/l'univers (m)	to understand man/the universe
faire reculer la maladie	to prevent disease (from spreading)
éliminer le risque d'épidémie	to eliminate the risk of an epidemic
réduire la mortalité infantile	to reduce infant mortality
mettre fin à la souffrance	to put an end to suffering
lutter contre les effets du vieillissement	to combat the effects of ageing
allonger l'espérance de vie	increase life expectancy
améliorer les conditions de vie	to improve living conditions
dépasser les limites du corps humain	to go beyond the limits of the human body
Les dangers	**Dangers**
aller trop loin	to go too far
jouer avec le feu (id)	to play with fire
tomber entre de mauvaises mains (id)	to fall into the wrong hands
ignorer les mises en garde	to ignore warnings
ne plus pouvoir faire marche arrière	to no longer be able to go back
poser un risque pour la santé (physique/mentale)	to pose a (physical/mental) health risk
faire passer l'intérêt de la recherche avant celui du patient	to put the interest of research before that of the patient
dépasser les limites morales	to cross moral boundaries
enfreindre le code de déontologie médicale	to violate the medical code of ethics
mettre en danger l'environnement/l'humanité	to endanger the environment/humanity
Chaque médaille a un revers	**There are two sides to every coin**
une question épineuse	thorny issue
un véritable casse-tête	real puzzle
une situation inquiétante	worrying situation
le pour et le contre (de)	pros and cons of (of)
le territoire de la science-fiction	the territory of science fiction
la face cachée de la science	the dark side of science
l'utopie ou le cauchemar?	utopia or nightmare?
remettre en question/s'interroger sur	to question/to question yourself
émettre des doutes/mettre en doute	to raise doubts/to call into question
s'inquiéter	to worry
se défier/se méfier	to mistrust
prendre garde à (+ nom)	beware of (+ noun)
craindre (le pire)/redouter	to fear (the worst)/to dread
le bien-fondé de certaines recherches	legitimacy of certain research

la déontologie des métiers de recherche	ethics of the research professions
la régulation des avancées technologiques	regulation of technological advances
le rapport entre les progrès technoscientifiques et l'éthique	relationship between technological and scientific progress and ethics
La contrepartie des avantages de la science et de la technologie est le risque de dérives.	The flipside of the benefits of science and technology is the risk of them being abused.
Chaque découverte et chaque innovation ont leurs défenseurs et leurs détracteurs.	Every discovery and innovation has its defenders and detractors.
Grâce à la technologie, nous sommes protégés, **par contre** nous sommes aussi surveillés 24 heures sur 24.	Thanks to technology, we are protected, **on the other hand** we are also monitored 24/7.
*Le clonage est techniquement possible, est-il **pour autant** souhaitable?	Cloning is technically possible, **however**, is it desirable?
*La chirurgie esthétique peut aider une personne défigurée. **Toutefois**, c'est aussi un marché lucratif pour certains chirurgiens sans scrupules.	Cosmetic surgery can help someone with facial injuries. **However**, it is also a lucrative market for some unscrupulous surgeons.
*Le progrès en dentisterie a permis de soigner les caries. **Cependant** les amalgames dentaires au mercure nous empoisonnent.	Progress in dentistry has made the treatment of cavities possible. **However**, mercury-based fillings are poisoning us.
*Pour certains, l'énergie nucléaire semble indispensable **or** les catastrophes de Tchernobyl et de Fukushima ont prouvé à quel point elle est dangereuse.	For some, nuclear energy seems essential, **and yet** the Chernobyl and Fukushima disasters have proved how dangerous it is.
*Beaucoup estiment qu'il faut à tout prix éradiquer les maladies génétiques. **Néanmoins**, certains estiment qu'on ne devrait pas chercher à éradiquer la trisomie 21, par exemple, mais à mieux l'accepter.	Many believe that we must eradicate genetic diseases at all costs. **Nevertheless**, some believe that we should not seek to eradicate Down's syndrome, for example, but to better accept it.
*Le progrès permet de faire des avancées dans tous les domaines et **pourtant** celles-ci posent également un risque réel pour notre sûreté et notre sécurité.	Progress makes advances in all areas possible, and **yet** these advances also pose a real risk to our safety and security.
*La vraie science ne devrait pas être une quête du profit. **Ceci dit**, faute d'argent, les scientifiques sont souvent contraints de travailler pour des laboratoires ou d'arrêter leurs recherches.	Real science should not be a quest for profit. **However**, due to a lack of funds, scientists are often forced either to work for laboratories or to stop their research.
*Pour certains, l'usage de la biotechnologie pour aider le dépassement des limites de l'être humain peut sembler prometteur. D'autres, **au contraire**, craignent que nous perdions notre humanité.	For some, the use of biotechnology to help overcome human limitations may seem promising. Others, **on the contrary**, fear that we may lose our humanity.
***Tout en reconnaissant que** la technoscience a amélioré nos conditions de vie, certains craignent la prise de contrôle des machines sur les hommes.	**While acknowledging that** technoscience has improved our living conditions, some fear that machines will take control of people.
***Bien qu'**intervenir dans la génétique humaine **puisse** éviter des maladies, cela peut aussi aboutir à créer une population uniforme qui ne tolérera aucune différence.	**Although** intervening in human genetics **can** prevent disease, it can also lead to the creation of a uniform population which will not tolerate any difference.
*Si l'identification de l'ADN a permis à la police de pouvoir confondre ou disculper un suspect, **il reste que** cette information génétique peut être utilisée de façon abusive.	While DNA identification has allowed the police to expose or clear a suspect, **the fact remains** that this genetic information can be misused.
*Les OGM pourraient peut-être résoudre le problème de la faim dans le monde, **toujours est-il qu'**en attendant, on s'inquiète des risques pour les consommateurs et l'environnement.	GMOs could perhaps solve the problem of world hunger, **but the fact remains that** in the meantime, there is growing concern about the risks to consumers and the environment.

A Relations sociales

La famille en évolution	The changing family
le compagnon/la compagne *ou* le/la partenaire	male partner/female partner
le conjoint/la conjointe	spouse *or* partner
le père/la mère célibataire/biologique	single/biological father/mother
le fils adoptif/la fille adoptive	adopted son/daughter
le beau-père/la belle-mère	father-/mother-in-law *or* step-father/-mother
le beau-frère/la belle-sœur	brother-in-law/sister-in-law
le demi-frère/la demi-sœur	step-brother/step-sister
le gendre/la belle-fille	son-in-law/daughter-in-law
le veuf/la veuve	widower/widow
les fiançailles (fpl)	engagement
le mariage/le PACS/le mariage pour tous	marriage (*or* wedding)/civil partnership (*between opposite or same sexes*)/same-sex marriage
la famille d'accueil	foster care family
le ménage	couple/household
le foyer	home/household
le statut matrimonial	marital status
la famille monoparentale/biparentale	one-parent family/two-parent family
être/rester célibataire	to be/to stay single
tomber amoureux/amoureuse	to fall in love
vivre ensemble/en union libre/en concubinage	to live together
se fiancer avec (*ou* à) quelqu'un	to get engaged to someone
épouser quelqu'un *ou* se marier/se pacser	to marry someone/to enter into a civil partnership
se séparer/divorcer	to separate/divorce
avoir la garde alternée	to share custody (of the children)

La cellule familiale a beaucoup évolué au cours du 20ème siècle, avec de moins en moins de familles nombreuses.

The family unit evolved a lot over the course of the 20th century, with fewer and fewer big families.

Jusque dans les années 50, les couples se mariaient tôt et ne divorçaient que très rarement.

Up until the 1950s, couples used to marry early and only very rarely got divorced.

Avec la généralisation de la contraception, les femmes ont moins d'enfants et les ont plus tard.

With contraception being widely available, women have fewer children and have them later.

Le modèle de la famille nucléaire a laissé place à la famille recomposée et multiforme.

The model of the nuclear family has given way to blended families in many forms.

*Cela m'étonne que dans certains pays la norme soit encore la famille élargie, avec plusieurs générations cohabitant sous le même toit.

It surprises me that in some countries the extended family is still the norm with several generations living under the same roof.

*Je trouve surprenant que la famille ne cesse d'évoluer, tant sur le plan de sa composition que dans ses mœurs et dans les lois qui l'encadrent.

I find it surprising that the family doesn't stop evolving, as much in the way it is made up, as in the attitudes and the laws that surround it.

Famille et amis

Family and friends

les liens familiaux/de filiation/d'amitié	family/blood/friendship ties
une relation harmonieuse/conflictuelle	harmonious/difficult relationship
une mère/un père poule (fam)	mother/father 'hen' (or overprotective mother or father)
le petit chouchou de la famille	the little darling of the family
le fossé des générations	the generation gap
l'appui (m)/le soutien de la famille/des amis	support of family/friends
une amitié à l'épreuve du temps	friendship which has stood the test of time/long-lasting friendship
se rebeller contre (l'autorité parentale)	to rebel against (parental authority)
avoir du ressentiment (envers quelqu'un)	to resent (someone)
avoir besoin d'affirmer sa personnalité	to need to assert your personality
manquer de respect (envers quelqu'un)	to lack respect (for someone)
avoir du respect (pour quelqu'un)	to have respect (for someone)
avoir de bons rapports/être en bons termes (avec quelqu'un)	to have a good rapport/be on good terms (with someone)
trouver sa place au sein de la famille/de la fratrie	to find your place within your family/amongst your siblings
tenir (quelqu'un) en grande estime	to hold (someone) in great esteem
sympathiser (avec quelqu'un)	to get on well/to hit it off (with someone)
être très attaché(e) (à quelqu'un)	to be really close (to someone)
être intime (avec quelqu'un)	to be intimate (with someone)
parler à cœur ouvert (id)	to speak openly/frankly
pouvoir se confier (à quelqu'un)	to be able to confide (in someone)
Je me sens bien (dans le cocon familial).	I feel good (surrounded by my family/in the family cocoon).
Je suis plus proche de mes amis que de ma famille.	I'm closer to my friends than my family.
Mes parents ne veulent pas que je voie mon chum/ma blonde. (au Québec)	My parents don't want me to see my boyfriend/my girlfriend.
J'ai plus d'affinités avec la famille de mon copain/ma copine qu'avec la mienne.	I've got more in common with my friend's family than with my own.
Je peux compter sur mes amis et je leur fais confiance.	I can count on my friends and I trust them.
Ma mère ne fait aucun effort pour essayer de me comprendre.	My mother makes no effort at all to try and understand me.
*Je ne supporte pas mon beau-père. **J'aurais préféré** que ma mère ne se remarie pas.	I can't stand my step-father. **I would have preferred** that my mother didn't remarry.
*Je déteste être enfant unique et **j'aurais voulu** avoir des frères et sœurs, même si **on se serait** sûrement **disputés**!	I hate being an only child and **I would have liked** to have brothers and sisters, even if **we would** inevitably **have quarrelled**.
*Je regrette de ne pas avoir connu mes grands-parents, ils m'**auraient** sans doute beaucoup **gâté(e)**!	I regret not having known my grandparents, they **would** no doubt **have spoilt** me!

Que d'émotions!

l'amour (m)/l'affection (f)/la sympathie	love/affection/understanding
le bonheur/la joie/la satisfaction	happiness/joy/satisfaction
la tristesse/le chagrin/le désespoir	sadness/grief/despair
la colère/le mécontentement/l'amertume (f)	anger/unhappiness/bitterness
la surprise/l'étonnement (m)/la stupéfaction	surprise/astonishment/amazement
la peur/la crainte/l'appréhension (f)	fright/fear/apprehension
la honte/l'embarras (m)/l'humiliation (f)	shame/embarrassment/humiliation
le regret/la nostalgie/le remord	regret/nostalgia/remorse
la jalousie/la rivalité/l'envie (f)	jealousy/rivalry/envy
l'indifférence (f)/le désintérêt/la froideur	indifference/lack of interest/coldness
ressentir de la pitié/du mépris/de l'inquiétude	to feel pity/contempt/anxiety
éprouver de la tendresse/de l'amitié (pour)	to feel tenderness/friendship (for)
faire preuve de courage (m)/de lâcheté (f)/de générosité (f)	to show courage/cowardice/generosity
manifester de la mauvaise humeur/de l'agressivité (f)	to have a show of bad temper/to demonstrate aggression
nourrir de la haine/de la rancune	to nurture hatred/bear a grudge
concevoir de l'estime/du respect	to build esteem/respect
se montrer généreux/aimable/patient	to show yourself to be generous/friendly/patient
s'estimer heureux/satisfait/comblé	to consider yourself happy/content/fulfilled
être comme les deux doigts de la main (id)	to be like two peas in a pod (*to be very alike*)
être copains comme cochons (fam) (id)	to be as thick as thieves/bosom buddies
filer le parfait amour (fam)	to be very much in love
faire bon ménage (avec quelqu'un) (fam)	to get along well (with someone)
avoir une dent contre quelqu'un (id)	to hold a grudge against someone
être en froid	to be on bad terms
prendre quelqu'un en grippe (id)	to have it in for someone
couper les ponts (avec quelqu'un) (id)	to cut off contact (with someone)
Je ne peux pas le voir/le sentir. (fam)	I can't stand him.
Ça me gave!/Ça m'enquiquine! (fam)	I've had enough of this!/It's a real pain!
Ça me prend la tête! (fam)	It's doing my head in!
C'est caillou! (*au Burkina Faso*)	It's hard/tough!
Je suis en rote! (*en Belgique*)	I'm furious/angry/in a bad mood!
On me met trop la pression. (fam)	They put me/I'm put under too much pressure.
Avec les profs, c'est pas la joie. (fam)	With teachers, it's no fun.
C'est vraiment top!/C'est trop bien! (fam)	It's great!/It's so cool!
Il m'a à la bonne. (fam)	He likes me.
Je suis aux oiseaux. (*au Québec*)	I'm overjoyed.

A range of emotions!

B Communauté

voir 3 C

Mes communautés	My communities
l'entourage (m) familial/les membres de la famille	family circle/family members
le voisinage/un voisin/une voisine	neighbourhood/neighbour
une connaissance/une relation lointaine	long distance relationship
la communauté scolaire/religieuse/sportive/virtuelle	school/religious/sporting/virtual community
un pote (fam)	mate/friend
le/la camarade de classe	classmate
les profs/professeurs	teachers
les surveillants	monitors/supervisors (at school)
le personnel enseignant/administratif	teaching/admininstrative staff
le directeur/la directrice/le principal/le proviseur	head/headteacher/principal
le conseiller/la conseillère d'orientation-psychologue (COP)	pastoral support counsellor
le prêtre/le curé/l'aumônier/le pasteur/l'imam (m)/ le rabbin	priest/parish priest/chaplain/pastor/imam/rabbi
le religieux/le frère/la religieuse/la sœur	monk/brother/nun/sister
la paroisse/la congrégation	parish/congregation
l'entraîneur (m)/l'entraîneuse (f)/le coach	trainer/coach
l'équipe (f)/le coéquipier/la co-équipière	team/fellow team player (team mate)
l'adversaire (m)	opponent/enemy
l'arbitre (m)	referee
le groupe sur réseau social	social media group
les followers/les abonnés/les personnes qui me suivent	followers/subscribers/people who follow me
les influenceurs sur YouTube	YouTube influencers
sympathiser/fraterniser	to get on with/mix with
se lier d'amitié	to build friendships/make friends
rester en contact	to stay in touch
avoir des intérêts en commun	to have interests in common
partager des passions	to share passions/interests
Il est important de tisser des liens avec son entourage.	It is important to build relationships with those around you.
J'ai l'impression d'appartenir à une communauté sur les réseaux sociaux.	I feel like I belong to a community on social networks.
***J'aimerais que** ma famille **puisse** mieux s'intégrer à la communauté locale.	**I would like** my family **to be** better integrated into the local community.
*Mes parents **voudraient que** je me **fasse** des amis mais ce n'est pas facile quand on déménage souvent.	**My parents would like** me **to make** friends but it's not easy when we move house often.
*Mon école **fait en sorte que** nous **ayons** un bon réseau de soutien.	**My school sees to it that** we **have** a good support network.

L'esprit de communauté

la collectivité (locale)

le milieu de vie

la vie de quartier dynamique

le lieu de vie à l'échelle humaine

l'urbanisme convivial

s'entraider entre voisins

se mobiliser contre l'isolement

ne pas rester (seul(e)) dans son coin (fam)

savoir cultiver l'art du bon voisinage

être prêts à se rendre service

maintenir et développer la vie sociale de proximité

établir des jardins collectifs/communautaires

créer des lieux d'échanges

s'impliquer sur le plan local

Il faut lutter contre la disparition des réseaux de vie sociale dans les grandes villes et en zones rurales.

Les réseaux sociaux et la technologie ne compensent pas le manque de lien social réel.

Il faut empêcher la montée de la solitude surtout chez les personnes âgées.

Les fêtes de quartier sont souvent l'antidote à l'individualisme et au repli sur soi.

Rien de tel qu'un pique-nique ou un apéro entre voisins pour briser la glace et créer des liens.

89% des Français sont prêts à consacrer une heure par mois pour développer des actions de solidarité de voisinage.

Grâce au programme CAS du Bac International, on apprend à participer à la vie de notre collectivité.

*Des projets individuels ou collectifs pour CAS nous permettent d'explorer et de contribuer aux défis de notre communauté.

*Avec mon groupe de CAS, nous voulons favoriser le « mieux-vivre » ensemble de même que les liens intergénérationnels.

*La Fête des Voisins est une initiative annuelle qui rapproche les gens et développe la cordialité ainsi que la solidarité au sein d'un quartier.

*« Voisins Solidaires » est une association française qui encourage et valorise les événements rassembleurs tout comme les initiatives solidaires prises tout au long de l'année.

Community spirit

(local) community

(living) environment

life (of/in) a vibrant neighbourhood

place to live which is on a human scale

(user-)friendly urban planning

to help each other out (neighbours)

to work hard against loneliness

not to keep yourself to yourself

knowing how to cultivate the art of good neighbourliness

to be ready to offer help to each other

to maintain and develop a social life locally

to establish collective/community gardens

to create places for exchange

to get involved on a local level

We have to fight against the disappearance of networks of social life in big cities and in rural areas.

Social media networks and technology don't make up for the lack of real social contact.

We must stop the rise of loneliness especially amongst older people.

Neighbourhood events are often an antidote for isolationism and withdrawal from society.

There's nothing like a picnic or an aperitif among neighbours to break the ice and start building relationships.

89% of French people are ready to give up an hour each month to build community projects in their neighbourhood.

Thanks to the CAS programme as part of IB, we learn to participate in the life of our community.

Team or individual projects for CAS allow us to explore and contribute to challenges in our community.

With my CAS group, we want to promote 'better living' together as well as intergenerational links.

Neighbours' Day is an annual initiative that brings people together and develops friendliness as well as cooperation within a neighbourhood.

'Voisins Solidaires' is a French association that encourages and promotes rallying events as well as community initiatives throughout the year.

4

L'espace francophone

Francophone communities

la France métropolitaine/la métropole	metropolitan/(mainland) France
l'Hexagone *(surnom)*	The Hexagon (= *mainland France*)
la région	region
le département	department (*administrative area of France*)
la commune	commune (*administrative area of France*)
la France d'outre-mer/l'Outre-mer	offshore/overseas France
les DROM-COM (départements et régions d'outre-mer et collectivités d'outre-mer)	offshore/overseas departments and regions of France

Les régions françaises ont chacune conservé leurs traditions et leur folklore et pour certaines leur langue.

Each region of France has preserved their traditions and folklore and for some of them, their language.

Il existe plusieurs communautés linguistiques et plusieurs langues régionales en France, comme l'alsacien, le breton, ou le corse.

In France, a few linguistic communities and a few regional languages still exist, like Alsatian, Breton, or Corsican.

La Francophonie est le fruit d'une histoire complexe.

French-speaking communities are the fruit of a complex history.

À l'exception de la Guyane, les douze territoires d'outre-mer français sont des îles.

With the exception of Guyana, the twelve overseas French territories are islands.

Chaque communauté d'outre-mer a son identité distincte.

Each overseas community has its own distinct identity.

Les territoires d'outre-mer actuels sont d'anciennes colonies françaises situées en Amérique, Océanie, Antarctique et dans l'océan Indien.

The current overseas French communities are former colonies in America, Australasia, Antarctica, and in the Indian Ocean.

En plus des DROM-COM, l'espace francophone recouvre d'anciens territoires français devenus indépendants, comme l'Algérie, le Maroc ou le Liban.

In addition to the DROM-COMs, the French-speaking area covers former French territories that have become independent, such as Algeria, Morocco or Lebanon.

La langue française fait partie des racines et de l'héritage familial de millions de personnes au Canada et aux États-Unis.

The French language is part of the roots and the family heritage of millions of people in Canada and the United States.

Les communautés francophones canadiennes se trouvent majoritairement au Québec.

French-speaking communities in Canada are found for the most part in Quebec.

La Francophonie, c'est un ensemble de réseaux de coopération qui offrent des subventions et aident la recherche et les échanges entre les pays membres.

Francophonie is a set of cooperation networks that offer grants, and support research and exchanges between member countries.

***On ne saurait nier que** la francophonie a beaucoup apporté aux anciennes colonies françaises, dont le français.

It cannot be denied that Francophonie made a significant contribution to former French colonies, including the French language.

***On ne peut passer sous silence le fait que** pour beaucoup, la Francophonie est un archaïsme et une nouvelle forme d'impérialisme.

We cannot ignore the fact that for many people, Francophonie is outdated and a new form of imperialism.

***On ne saurait taire le fait que** certains reprochent aux organismes francophones d'assurer la promotion de la langue française aux dépens des langues autochtones.

It cannot be ignored that some people criticize Francophone organizations for promoting French at the expense of indigenous languages.

C Engagement social

Le bénévolat	Volunteer work
le volontariat	volunteering/charity work
l'engagement social/solidaire (pour une cause)	social/community engagement (for a cause)
une association caritative/une œuvre de charité	charitable organization
une organisation à but non-lucratif/non-gouvernementale (ONG)	not-for-profit/non-governmental organization (NGO)
un travail non rémunéré/rétribué	unpaid work
les personnes défavorisées/démunies	disadvantaged/destitute people
faire du bénévolat pour/être bénévole dans	to do volunteer work for/in
se porter volontaire (pour faire quelque chose)	to volunteer (to do something)
apporter son soutien	to offer your support
servir/défendre une cause	to serve/defend a cause
se sentir utile	to feel useful
prendre des responsabilités dans sa communauté	to take up responsibilities in your community
appartenir à une association	to belong to a group
prendre part à un projet d'équipe	to take part in a team project
participer à des campagnes humanitaires	to participate in humanitarian campaigns
donner de son temps pour une cause	to give your time to a cause
récolter/collecter des fonds pour une cause	to raise/collect money for a cause
venir en aide aux personnes isolées/malades	to come to the aid of isolated/ill people
porter secours (aux animaux)	to rescue (animals)
répondre à des besoins	to address needs
participer à des missions (de protection de la nature)	to take part in missions (for the protection of the environment)
donner un coup de main (fam) (id)	to help/lend a hand
Beaucoup de jeunes Français sont actifs dans le secteur associatif.	Many young French people are active in the voluntary sector.
Je veux donner de mon temps et mettre mes compétences au service de personnes dans le besoin.	I want to put my time and my skills to good use for people who need them.
Dans le cadre de CAS, je participe à la distribution de nourriture dans une banque alimentaire.	As part of CAS, I help with the distribution of food from a food bank.
*L'engagement bénévole **donne l'occasion de** connaître des communautés autres que le cercle familial ou amical.	Taking part in voluntary work **gives the opportunity to** get to know communities outside of our own family or circle of friends.
*Le bénévolat **rend possible** l'acquisition de nouvelles compétences, comme le travail d'équipe, l'organisation, la communication, et la gestion des crises.	Volunteer work **makes it possible** to learn new skills, like team work, organizational skills, communication skills, and problem-solving.
*S'impliquer dans une action bénévole est un atout pour le CV et **permet de** faire un premier pas vers le monde du travail.	Getting involved in a voluntary cause is a good thing to put on your CV and **allows** you **to** take the first steps towards the world of work.

La citoyenneté	Citizenship
le citoyen/la citoyenne	citizen
les concitoyens/concitoyennes	fellow citizens
les droits et les devoirs	rights and responsibilities
le civisme	civic responsibilities/public spiritedness
la conscience/le comportement/l'engagement (m) civique	conscience/behaviour/commitment
la surveillance du quartier/le réseau « Voisins vigilants »	neighbourhood watch
se mobiliser	to rally/get involved
signer une pétition	to sign a petition
participer à une manifestation	to participate in a demonstration
descendre dans la rue	to take to the streets
faire son devoir civique	to do your civic duty
respecter les règles de la vie en commun	to respect/keep to the rules of communal living
respecter la loi	to respect/obey the law
payer les impôts/payer les cotisations sociales	to pay taxes/social security contributions
défendre le pays en cas de menace ennemie	to defend the country in case of a threat from an enemy
accepter le rôle de juré lors d'un procès	to accept the role of a jury in a court case
À mon avis, le programme CAS développe des compétences qui nous seront utiles en tant que citoyens.	In my opinion, the CAS programme develops skills which will be useful to us as citizens.
CAS nous encourage à développer une éthique de service et à devenir plus ouverts et plus altruistes.	CAS encourages us to develop a service ethic and become more open and altruistic.
J'espère que grâce à mon éducation, je serai un citoyen/une citoyenne responsable et engagé(e).	I hope that thanks to my education, I will be a responsible and committed citizen.
En France, on devient citoyen à 18 ans, l'âge de la majorité politique.	In France, you come of age at 18 years old, when you can vote.
La Journée « Défense et Citoyenneté » (JDC), qui remplace le service militaire, est une journée obligatoire pour découvrir le rôle et les métiers de la Défense.	The Defence and Citizens' Day which replaces national service is a compulsory day to discover the role of and jobs in the armed forces.
*Chaque élève français suit un « parcours citoyen » à l'école pour apprendre les valeurs citoyennes et les principes de la vie en démocratie, **ce qui me semble être** une bonne initiative.	Every French student follows a 'citizenship programme' in school where they learn about citizens' values and the principles of a democratic society, **which seems to me to be** a good initiative.
*Le Service Civique offre aux jeunes de 16 à 25 ans l'opportunité de faire pendant 6 à 9 mois un travail indemnisé au service de l'intérêt général, **ce qui me paraît** très intéressant.	Civic Service offers all young 16-25 year olds the opportunity to do between 6-9 months of paid work in the public interest, **which seems** very interesting **to me**.
*Chaque année, les salariés français doivent effectuer une « journée de solidarité » non-payée pour aider les personnes âgées et handicapées, **ce que je trouve** remarquable.	Each year, French employees have to work without pay on the 'day of solidarity' to help senior citizens and those with special needs, **which I think** is remarkable.

La vie politique	Political life
le droit de vote	right to vote
le suffrage universel	universal suffrage
l'électeur/l'électrice	voter
les élections (fpl) locales/les municipales/la présidentielle	local elections/municipal elections/presidential election
un parti politique (du centre/de droite/de gauche)	political party (of the centre/right/left)
un parti d'extrême droite/gauche	party of the extreme right/left
la campagne électorale	election campaign
la profession de foi des candidats	candidates' manifesto
l'inscription (f) sur les listes électorales	registration on the electoral rolls
le (jour du) scrutin	poll/ballot (day)
la carte d'électeur	voting card
l'isoloir (m)	polling booth
le bulletin de vote	ballot paper
le dépouillement	counting of votes
le Parlement/l'Assemblée Nationale/le Sénat	Parliament/National Assembly/Senate
le/la député(e)	Member of Parliament
voter/voter blanc/s'abstenir	to vote/to spoil your vote/to abstain
être politisé	to be politicized
suivre l'actualité politique	to follow political events
être membre d'un parti politique	to be a member of/to belong to a political party
se présenter aux élections	to stand for election/run for office
faire campagne pour…	to campaign for …
faire entendre sa voix	to make your voice heard
militer au sein d'un parti/d'une organisation	to be active within a party/organization
La politique, moi, je m'en fiche complètement! (fam)	Politics, I don't care about it at all!
Les enjeux politiques me passionnent.	I am passionate about political issues.
Je (ne) me sens (pas) très concerné(e) par les questions de politique.	I (don't) feel very concerned about policy issues.
Le taux d'abstention chez les jeunes est très élevé parce qu'ils estiment que les élus ne les représentent pas.	The abstention rate among young people is very high because they feel that elected officials do not represent them.
Devrait-on rendre le scrutin obligatoire comme il l'est en Suisse ou en Belgique?	**Should we** make voting mandatory as it is in Switzerland or Belgium?
***Faudrait-il** abaisser l'âge du droit de vote à 16 ans pour que les jeunes se sentent plus impliqués dans la vie du pays?	**Should we** lower the voting age to 16 to make young people feel more involved in the life of the country?
***Pourrait-on** s'engager politiquement autrement que par la politique partisane/le jeu des partis, comme le mouvement de Gilets Jaunes en France?	**Could we** be involved in politics other than through party politics, as with the Yellow Jacket movement in France?

D Éducation

Le système éducatif français	French education system
la scolarité	schooling
l'établissement scolaire/le pôle scolaire (éducatif)	school/school hub
l'école maternelle/l'école primaire	nursery school/primary school
le collège (sixième, cinquième, quatrième, troisième)	secondary school/high school (UK years 7, 8, 9, 10/US grades 6, 7, 8, 9)
le lycée (seconde, première, terminale)	secondary school/6th Form (UK years 11, 12, 13/US grades 10, 11, 12)
l'élève/le collégien/la collégienne/le lycéen/la lycéenne	pupil/student
l'interne/l'externe/le (la) demi-pensionnaire	boarder/day pupil/day pupil who has lunch at school
le/la délégué(e) de classe	class delegate/representative
le bulletin/le livret scolaire	school report
la notation sur 20	mark/grade out of 20
la retenue/la colle (fam)	detention
le brevet des collèges	lower secondary school diploma (for 15 year olds)
le baccalauréat/le bac (général/professionnel/technologique/international)	higher secondary school diploma (for 18 year olds)
les disciplines littéraires/scientifiques/artistiques	literary/scientific/artistic subjects
une épreuve écrite/orale	written/oral paper
la mention assez bien/bien/très bien/félicitations du jury	pass/merit/honours/special commendation
l'école publique/privée/internationale	state/private/international school
l'école laïque/confessionnelle	non-religious/faith school
la filière/l'orientation	stream (or track) (in school)/careers guidance
passer un examen/réussir à un examen	to sit (or take) an exam/to pass an exam
échouer à un examen/rater un examen	to fail an exam
passer les épreuves de rattrapage	to do resits
Pour être admis au bac, il faut une moyenne générale de 10/20.	To obtain the baccalaureate, you need an overall average of 10/20.
Si l'on ne veut pas préparer le bac, on peut faire une formation professionnelle ou suivre un apprentissage.	If you do not want to study for the baccalaureate, you can do vocational training or an apprenticeship.
Beaucoup de lycéens français se plaignent des emplois du temps trop chargés et des journées scolaires beaucoup trop longues.	Many French high school students complain that their timetables are too full and their school days far too long.
*Je ne suis pas **favorable aux** examens car ils ne sont pas toujours représentatifs de la somme de travail fait au cours de l'année.	I am not **in favour of** examinations because they are not always representative of the amount of work done during the year.
*Je suis plus **en faveur du** contrôle continu que de l'épreuve finale parce qu'il reflète mieux le niveau de l'élève.	I am more **in favour of** continuous assessment than an end-of-year test because it is a better reflection of the student's level.
*J'ai une préférence pour le Bac International par rapport au bac français parce que je pense qu'il offre une éducation plus ouverte.	I have a preference for the International Baccalaureate over the French one because I think it offers an education that is more outward-looking.

Les études supérieures

l'université (f)/la faculté/la fac (fam)	university (UK)/college (US)
une grande école	Grande École (*selective higher education establishments*)
une prépa (une classe préparatoire aux grandes écoles)	preparatory two-year course (for entry to *Grandes Écoles*)
le recrutement par concours	entry via competitive exam
une formation de haut niveau	top level course
un certificat/une qualification	certificate/qualification
un diplôme de l'enseignement supérieur	higher education diploma
une licence/un master/un doctorat	degree/masters/PhD
une formation en alternance	combined work/training course
le cours magistral en amphi/amphithéâtre (m)	lecture in a lecture hall/theatre
les TD (travaux dirigés) en petit groupe	tutorials in a small group
les TP (travaux pratiques) en laboratoire (m)	practicals in a lab
les cours et les ressources en ligne	online courses and resources
les frais d'inscription	registration fees
le coût des études	cost of studies
les débouchés (m) (à la fin du cursus)	job prospects at the end of the course
prendre une année sabbatique	to take a gap year/sabbatical year
s'inscrire à l'université/en fac de médecine	to enrol at a university/in medical school
faire une demande de bourse	to apply for a grant/scholarship
faire un stage (en entreprise)	to do an internship/work experience in a company
obtenir un diplôme	to get a degree
sécher les cours (fam)	to skip lectures
bosser dur/bosser à la dernière minute (fam)	to work hard/to cram

Higher education

Ce qui m'attire à l'université, c'est qu'il y aura beaucoup de monde et je pourrai me faire de nouveaux amis.

What attracts me to university is that there will be lots of people and I will be able to make new friends.

Ce qui me fait peur à l'université, c'est qu'on nous demande d'être indépendant et moi, j'ai besoin qu'on me pousse pour travailler!

What scares me at university is that we are expected to be self-reliant and I need to be pushed to work!

***Je prévois d'**assister aux Journées Portes Ouvertes des universités qui m'intéressent pour découvrir le campus.

I plan to attend the Open Days of the universities I am interested in in order to visit the campuses.

*La première année, **j'ai l'intention de** louer une chambre en résidence universitaire.

In the first year, **I intend to** rent a room in a hall of residence.

***Je projette de** faire mes études en alternance parce que je veux avoir une formation professionnelle pas seulement théorique.

I am planning to do a sandwich course because I want to have a professional training not just a theoretical one.

***J'envisage de** faire une césure de 6 à 12 mois pour réaliser un projet personnel, comme un stage ou une mission humanitaire à l'étranger.

I am considering taking a 6 to 12 month break to do a personal project, such as an internship or a humanitarian mission abroad.

L'importance de l'éducation

The importance of education

l'enseignement (m)	teaching/education
l'instruction (f)	education/training
la scolarisation	schooling
la transmission des connaissances	transmission/dissemination of knowledge
l'apprentissage (m)	learning/apprenticeship
l'alphabétisation (f)	literacy/reading and writing
le matériel pédagogique	educational resources
un moyen de lutter contre les inégalités	way to fight against inequalities
un outil pour rompre le cycle de la pauvreté	tool to break the cycle of poverty
la clé de la réussite	key to success
apporter une culture générale	to provide general knowledge
enseigner les valeurs morales	to teach moral values
contribuer à l'éducation à la citoyenneté	to contribute to citizenship education
affiner son esprit critique/son sens de l'analyse	to sharpen your critical thinking skills/analysis skills
apprendre à travailler de manière autonome	to learn to work independently
développer des compétences interpersonnelles/interculturelles/professionnelles	to develop interpersonal/intercultural/professional skills
faire reculer l'analphabétisme (m)	to reduce illiteracy
forger le caractère	to build character

L'éducation forme notre personnalité et notre raisonnement et a un impact sur nos comportements et notre mode de vie.

Education shapes our personality and thoughts and has an impact on our behaviour and way of life.

L'éducation est un droit vital, essentiel au développement humain, social et économique d'un pays.

Education is a vital right, essential to a country's human, social and economic development.

Il est crucial que tout le monde puisse recevoir une éducation de qualité, surtout les personnes les plus défavorisées.

It is imperative that everyone should be able to receive high-quality education, especially the most disadvantaged.

Pour citer Nelson Mandela: « L'éducation est l'arme la plus puissante qu'on puisse utiliser pour changer le monde ».

To quote Nelson Mandela: 'Education is the most powerful weapon which you can use to change the world.'

Le niveau d'éducation a un impact sur le niveau des revenus et permet de réduire les inégalités sociales.

The level of education has an impact on income levels and helps to reduce social inequalities.

*__Quoi qu'on en dise,__ le taux de scolarisation des femmes reste encore trop faible puisqu'une femme sur trois dans le monde est analphabète, contre seulement un homme sur cinq.

__Whatever we may say__, the rate of women's education remains too low since one in three women in the world is illiterate compared with only one in five men.

*L'accès à l'éducation s'améliore dans le monde mais __quoi qu'il en soit,__ les inégalités existeront tant qu'il ne sera pas garanti pour tous.

Access to education is improving around the world, __but in any event,__ inequalities will persist as long as it is not guaranteed for everyone.

*__Quoi qu'on fasse,__ certains jeunes semblent condamnés à l'échec scolaire de par leur environnement socioculturel et familial.

__Whatever we do,__ some young people seem condemned to academic failure as a result of their sociocultural and family environment.

E Monde du travail

La recherche d'un emploi

Looking for a job

un job d'été/un job saisonnier	summer job/seasonal job
un petit boulot (fam)/un taf (fam)	small job/casual job
un travail temporaire	temporary work
une offre d'emploi/une petite annonce	job offer/a classified ad
un poste vacant	vacancy
expérience requise/nécessaire/préférable	experience required/necessary/preferable
être à la recherche d'un emploi	to be looking for a job
prendre un rendez-vous	to make an appointment
postuler pour un emploi/poser sa candidature pour un poste	to apply for a job/post
correspondre au profil recherché	to match the profile required
avoir les compétences requises	to have the necessary skills
être disponible	to be available
faire parvenir son CV et une lettre de motivation	to send your CV and a cover letter
valoriser son parcours (expérience et qualifications)	to emphasize your background (experience and qualifications)
passer un entretien d'embauche	to have a job interview
signer le contrat d'embauche	to sign the employment contract
trouver un emploi par piston/se faire pistonner (fam)	to pull strings to get a job
être payé(e) à l'heure/de la main à la main (fam)	to be paid by the hour/in cash

Pouvoir parler une ou plusieurs langues étrangères est un véritable atout quand on cherche un job d'été.

Being able to speak one or more foreign languages is a real asset when looking for a summer job.

Je réponds à votre annonce parue sur le site de …/ dans le journal …

I am replying to your advertisement which appeared on the … site/in the … newspaper.

Je voudrais poser ma candidature pour le poste de …

I would like to apply for the position of …

Veuillez trouver mon CV en pièce jointe.

Please find my CV attached.

Je reste à votre disposition pour de plus amples renseignements.

Please do not hesitate to contact me for further information.

Je vous serais reconnaissant(e) de bien vouloir considérer ma candidature favorablement.

I would be grateful if you would consider my application favourably.

Je vous prie d'agréer, Monsieur/Madame, l'expression de mes meilleurs sentiments.

Yours sincerely

*De nombreux jeunes concilient leurs études avec un job étudiant pour financer leurs études. **De plus**, cela permet d'acquérir une expérience professionnelle.

Many young people combine their studies with a student job in order to finance their studies. **In addition**, it allows you to acquire professional experience.

*Un job étudiant permet **d'une part** de gagner en maturité et **d'autre part** de s'assumer un peu financièrement.

On the one hand, a student job allows you to become more mature and **on the other hand**, to become a bit more financially independent.

*Certains considèrent que 16 ans est un âge trop précoce pour occuper un petit emploi car les jeunes doivent se consacrer à leurs études **et surtout** profiter de leur jeunesse.

Some consider that at 16, you're too young to have a part-time job as young people need to concentrate on their studies **and most of all** because they must make the most of their youth.

Le choix d'un métier

les critères (mpl) de choix	decision criteria
un métier de rêve/d'avenir	dream job/job for the future
le lieu de travail	workplace
les conditions (fpl) de travail	working conditions
le temps de travail/les horaires (mpl)	working hours
la sécurité de l'emploi	job security
l'employeur/l'employeuse/le patron/la patronne	employer/boss
les relations avec les collègues	relationships with colleagues
les possibilités de promotion	promotion opportunities
la rémunération/le salaire	pay/salary
le bulletin de salaire/la feuille de paie	pay slip
la formation nécessaire	necessary training
les compétences requises/l'expérience nécessaire	skills required/necessary experience
le secteur/le domaine professionnel	professional field/area
avoir une vocation	to have a vocation/a calling
avoir un plan de carrière (f)	to have a career plan
occuper un poste à responsabilités	to hold a position of responsibility
travailler de chez soi/dans un bureau/en plein air	to work from home/in an office/outdoors
avoir une profession libérale	to have a profession
être fonctionnaire/travailler pour l'état	to be a civil servant/to work in the state sector
travailler en indépendant/être freelance	to be self-employed/to be freelance

Choosing a profession

De nouvelles professions apparaissent tous les jours avec l'évolution des technologies de pointe.

New jobs are created every day with the advances in cutting-edge technologies.

Avec le vieillissement de la population, les métiers d'aide à la personne sont un secteur en plein essor.

With an aging of the population, jobs related to personal care and assistance are booming.

Je ne supporte pas l'idée du « métro, boulot, dodo ».

I can't stand the idea of the daily grind (*literally* commuting, working, sleeping).

Je recherche un métier qui ait de bonnes perspectives d'avenir.

I am looking for a job with good future prospects.

*Je voudrais gagner ma vie en faisant un métier utile aux autres et gratifiant pour moi; **qui plus est**, je voudrais travailler près de chez moi pour limiter les déplacements.

I would like to earn a living by doing a job that is useful to others and rewarding for me; **moreover**, I would like to work close to home to minimize commuting.

*Ce qui m'intéresse, c'est de faire un travail bien payé, pas trop fatigant et qui **de surcroit** me laissera le temps pour mes activités de loisirs.

What I'm interested in is a well-paid job which is not too tiring and which will **also** leave me time to enjoy my leisure activities.

*Personnellement, je voudrais lancer ma propre entreprise et travailler à mon compte. **Par ailleurs**, je voudrais utiliser ma connaissance des langues.

Personally, I would like to start my own business and be self-employed. **In addition**, I would like to use my knowledge of languages.

La vie active	Working life
le travail à plein temps/à temps complet	full-time work
le travail à mi-temps/à temps partiel	part-time work
le secteur public/privé	public/private sector
un CDD (contrat à durée déterminée)	fixed-term contract
un CDI (contrat à durée indéterminée)	permanent contract
le télétravail/le travail à domicile	teleworking/working from home
les heures (fpl) supplémentaires	overtime
le salaire minimum/le SMIC (salaire minimum interprofessionnel de croissance) (en France)	minimum wage
la prime de fin d'année/le 13ème mois	end-of-year bonus/extra month's bonus
l'augmentation (f) de salaire	pay increase
la pénibilité du travail	difficult working conditions
le burnout/le syndrome d'épuisement professionnel	burnout/burnout syndrome
le (la) cadre/l'employé(e)/l'ouvrier/l'ouvrière	manager/employee/worker
l'intérimaire (m)/le (la) stagiaire	temp/intern
le service des ressources humaines	human resources department
être à l'essai (pendant un mois)	to be on probation (for one month)
prendre sa retraite/partir en retraite/en pré-retraite	to retire/to take early retirement
trouver un équilibre entre vie professionnelle et vie privée	to strike a balance between work and private life
être licencié(e)/être mis(e) en chômage technique	to be made redundant/to be laid off
être renvoyé/viré (fam)/mis(e) à la porte (fam)	to be sacked
gagner un salaire de misère/travailler pour des prunes (fam)	to earn a pittance/to work for peanuts
donner sa démission/démissionner	to resign
se mettre en grève	to go on strike
prendre un congé maladie/être en arrêt maladie	to take sick leave/to be on sick leave
En temps de crise, beaucoup de gens travaillent au noir. (fam)	In times of crisis, many people moonlight or work off the books.
Qu'est-ce que ton père fait dans la vie?	What does your father do for a living?
Mes parents ont une bonne situation./Ils gagnent bien leur vie.	My parents have good jobs./They earn a good living or make good money.
*Ce n'est pas toujours facile pour les jeunes diplômés d'entrer sur le marché du travail **dès lors qu**'ils n'ont pas d'expérience.	It is not always easy for young graduates to enter the labour market **since** they have no experience.
*Après un licenciement économique, on peut se retrouver au chômage. Retrouver un nouvel emploi est difficile, **à plus forte raison si** on a un certain âge.	After being made redundant, you may find yourself unemployed. Finding a new job is difficult, **especially if** you are middle aged.
*Les employés peuvent désormais ignorer les emails de leur employeur le soir et le week-end, **d'autant plus que** ce « droit de déconnexion » est entré en vigueur dans la loi.	Employees can now ignore their employer's emails after work and at weekends, **now that** this 'right to disconnect' has become part of the law.

F Ordre public

voir 4 C

Infractions, délits et crimes	Offences, misdemeanours and crimes
l'insulte (f) (à caractère raciste/sexiste/homophobe)	(racist/sexist/homophobic) insult
l'intimidation (f)/le racket/le harcèlement/le cyberharcèlement	intimidation/extortion/harassment/cyberbullying
le vandalisme	vandalism or hooliganism
le vol à l'étalage/le vol à main armée	shoplifting/armed robbery
l'utilisation frauduleuse de données	fraudulent use of data
le vol/l'usurpation d'identité	identity theft
l'escroquerie (f) (à la carte bancaire)	(credit card) fraud
le trafic de drogues/de stupéfiants	drug trafficking
le harcèlement sexuel/l'agression sexuelle	sexual harassment/sexual assault
le viol/la tentative de viol	rape/attempted rape
la violence conjugale	domestic violence
l'homicide (m) (volontaire/involontaire)	homicide (first-degree murder/manslaughter)
le meurtre (prémédité/avec préméditation)	(premeditated) murder
la fusillade	shooting
un attentat (à la bombe)	bomb attack
un acte terroriste	act of terrorism
enfreindre la loi	to break the law
commettre une infraction/un délit/un crime	to commit an offence/a minor offence/a crime
causer des troubles sur la voie publique	to cause disturbance on the public highway
cambrioler/faire un cambriolage	to break in/burgle
faire un casse/braquer une banque	to rob a bank
être pris en flagrant délit/la main dans le sac (fam)	to be caught red-handed/with your hand in the cookie jar
Parfois, j'ai peur de me faire agresser dans la rue.	Sometimes I'm afraid of being mugged in the street.
Ce qui m'effraie le plus, ce sont les attaques à l'acide. Je trouve ça absolument épouvantable.	What scares me the most are acid attacks. I find them absolutely horrendous.
Je suis choqué(e) par le nombre de réseaux de pédophiles que l'on démasque.	I am shocked at the number of paedophile networks that have been exposed.
Je pense que les médias contribuent au sentiment d'insécurité actuel en dramatisant certains faits divers impliquant des toxicomanes.	I think the media contribute to the current sense of insecurity by over-dramatizing minor incidents involving drug addicts.
*Je ne m'attendais pas à ce que l'âge moyen de la criminalité chez les mineurs soit si bas.	I did not expect the average age of underage crime to be so low.
*Les statistiques me surprennent, je n'aurais pas cru que la criminalité avait autant augmenté ces dernières années.	The figures surprise me, I would not have thought that crime had increased so much in recent years.
*Je n'aurais jamais imaginé une telle concentration de gangs dans notre ville.	I'd never have thought there would be such a concentration of gangs in our city.
*Je ne pensais pas qu'il y avait autant d'agressions au couteau/à l'arme blanche dans notre pays.	I didn't think there were so many stabbings in our country.

Comment expliquer la délinquance juvénile

How to explain youth crime

l'inactivité (f)/l'oisiveté (f) (causée par la déscolarisation/le chômage)	inactivity/idleness (caused by dropping out of school/ unemployment)
le décrochage scolaire	dropping out of school
les difficultés d'insertion scolaire et professionnelle	problems integrating into school life/professional life
les difficultés financières	money problems
le ressentiment envers la société	resentment towards society
la maltraitance sur enfant/la négligence envers un enfant	child abuse/child neglect
la démission des parents	parental failure to take responsibility
l'affaiblissement de l'autorité parentale	weakening of parental authority
le rejet au sein de la famille	rejection within the family
la banalisation de la violence	normalisation of violence
l'usage (m) de drogues	drug use
la rébellion de l'adolescence	teenage rebellion
le manque de respect	lack of respect
la perte des valeurs	loss of values
la pression des pairs/du groupe	peer/group pressure
le phénomène de bandes	gang phenomenon
souffrir de carences éducatives ou affectives	to suffer from a lack of education or emotional deprivation
se sentir mis à l'écart/se sentir en marge	to feel left out/marginalized
faire l'école buissonnière/sécher les cours (fam)	to skip classes/to bunk off lessons

La déscolarisation accroît la mésestime de soi qui à son tour entraîne le sentiment d'exclusion sociale.

Dropping out of school increases low self-esteem, which in turn leads to feeling socially excluded.

Certains jeunes ne trouvent pas leur place au sein de la communauté et réagissent parfois violemment.

Some young people can't find their place in the community and can sometimes react violently.

Une mauvaise relation avec la famille et de mauvaises fréquentations sont des facteurs de vulnérabilité chez les jeunes.

A bad relationship with the family and hanging out with the wrong crowd can make young people vulnerable.

Les jeunes ont toujours mauvaise presse, quelle que soit l'époque, sans que cela soit toujours justifié.

Young people always get a bad press, whatever the time in history, without it always being justified.

*La structure familiale n'est pas identifiée comme un facteur de vulnérabilité mais la qualité des liens familiaux **l'est**.

Family structure is not identified as a vulnerability factor for young people, but the quality of family ties **is**.

*Si le nombre des délits contre les biens et la propriété commis par des jeunes est relativement élevé, les violences graves contre les personnes **le** sont beaucoup moins.

If the number of offences involving personal possessions and property committed by young people is relatively high, serious violence against people is considerably less **so**.

*Si, par le passé, les jeunes issus de familles des classes moyennes étaient peu impliqués dans les infractions mineures, ils **le** deviennent de plus en plus.

Whilst in the past, young people from middle-class families were not really involved in minor offences, they are becoming more and more **so**.

Sanctions et prévention

les forces (fpl) de l'ordre	police *or* law enforcement agencies
la police nationale/municipale	national/municipal police
le policier/la policière	police officer
la gendarmerie/le (la) gendarme	police station/police officer
le gardien/la gardienne de la paix	police officer
le poste de police/le commissariat	police station
le jury/un juré	jury/juror or jury member
le juge/le magistrat	judge/magistrate
l'établissement (m) pénitencier	penitentiary facility/prison
le centre d'observation et de rééducation	young offenders' institution
le bracelet électronique	electronic tag
l'assignation à domicile/à résidence	house arrest/home detention
la liberté surveillée	probation
le travail d'intérêt général	community service
interpeller un suspect	to take a suspect in for questioning
arrêter le/la coupable	to arrest the culprit
comparaître devant un tribunal	to appear before a court
être condamné(e) à x ans de prison ferme/ condamné(e) à perpétuité/condamné avec sursis	to be sentenced to x years in prison/to be sentenced to life imprisonment/to get a suspended sentence
purger une peine de x ans/écoper d'une peine d'un an	to serve a x-year sentence/to receive a one-year sentence
purger sa peine en milieu ouvert	to serve one's sentence in an open prison
être placé sous contrôle judiciaire	to be placed under judicial supervision
payer une amende	to pay a fine
aller au trou (fam)/faire de la taule (fam)	to go to jail/to do time

Penalties and prevention

Il est important qu'un criminel paie sa dette envers la société.

It is important for a criminal to repay his debt to society.

Certains Français réclament le rétablissement de la peine de mort comme moyen de dissuasion.

Some French people are calling for the return of the death penalty as a deterrent.

*À mon avis, pour réduire la petite délinquance, il faut lutter contre ce qui **la** provoque, à savoir essentiellement les effets de la précarité.

I believe that in order to reduce petty crime, we must fight against **its** causes, which are essentially due to poverty.

*On entend souvent dire que la prison est « l'école du crime » et on **l**'accuse d'être un lieu de radicalisation et de violence.

Prison is often referred to as the 'school of crime' and **it** is often accused of being a place of radicalisation and violence.

*Je ne suis pas convaincu(e) que l'incarcération soit le meilleur moyen de réformer les criminels et de **les** dissuader de récidiver.

I am not convinced that imprisonment is the best way to reform criminals and deter **them** from re-offending.

*L'institution carcérale ne doit pas uniquement punir un criminel mais il faut aussi qu'elle **le** soutienne dans sa réinsertion sociale.

Prison must not only punish a criminal but must also support **him** to reintegrate into society.

Partage de la planète

A Environnement

Les catastrophes naturelles

Les catastrophes naturelles	Natural disasters
le tremblement de terre (un séisme)	earthquake
le tsunami (le raz-de-marée)	tsunami (tidal wave)
le glissement de terrain (une coulée de boue)	mudslide
l'éruption (f) volcanique	volcanic eruption
l'avalanche (f)	avalanche
l'incendie (f) (un feu) de forêt	forest fire/wildfire
la crue (de rivière/de fleuve)	rise in the water level (river)
l'inondation (f)	flooding
la tempête/l'ouragan (m)/le cyclone	storm/hurricane/cyclone
les pluies (fpl) de mousson	monsoon rains
la canicule	heatwave
la sécheresse	drought
la famine	famine (starvation)
l'épidémie (f)/la pandémie	epidemic/pandemic
un phénomène météorologique d'une ampleur/violence inégalée	meteorological phenomenon of unprecedented magnitude/violence
de magnitude x sur l'échelle de Richter	of magnitude x on the Richter scale
la baisse du niveau des nappes phréatiques	decrease in groundwater levels
la pire sécheresse depuis des décennies	the worst drought in decades
frapper le pays	to hit the country
ravager toute la région	to devastate the entire region
avoir des effets dévastateurs	to have devastating effects
Le nombre des blessés ne fait qu'augmenter.	The number of casualties continues to increase.
Les secousses sismiques ont coûté la vie à des milliers de personnes.	The seismic tremors have claimed thousands of lives.
De nombreuses habitations se sont effondrées.	Many houses have collapsed.
Le bilan en pertes humaines est très élevé.	The death toll is very high.
*L'alerte **n'a pas pu être donnée** à temps pour effectuer des évacuations.	The warning **wasn't given** early enough to be able to evacuate.
*Des milliers de personnes **ont été portées** disparues.	Thousands of people **were reported** missing.
*Les forces armées **ont été mobilisées** pour porter secours aux sinistrés.	The armed forces **were mobilized** to provide assistance to the victims.
*La distribution de biens de première nécessité **a été mise** en place.	The distribution of basic necessities **was put** in place.
*L'acheminement de l'aide alimentaire et le déploiement des secours d'urgence **ont été rendus difficiles** par le mauvais temps.	The delivery of food aid and the implementation of emergency relief **were hampered** by bad weather.

L'impact de l'homme sur la planète	Man's impact on the planet
la pollution de l'air/de l'eau/des sols	air/water/land pollution
la pollution lumineuse/sonore	light/noise pollution
l'utilisation d'engrais chimiques	use of chemical fertilizers
la croissance de la consommation d'énergie	increase in energy consumption
les pesticides et les herbicides	pesticides and herbicides
la déforestation	deforestation
la contamination par les déchets industriels	contamination due to industrial waste
les marées noires/les nappes de pétrole	oil spills/oil slicks
les émissions de gaz à effet de serre	greenhouse gas emissions
le réchauffement/le changement climatique	global warming/climate change
les espèces en danger d'extinction	endangered species
menacer la biodiversité/les écosystèmes	to threaten biodiversity/ecosystems
l'élévation de la courbe des températures	rise in the temperature curve
la fonte de la calotte glaciaire	melting of the ice cap
la hausse du niveau de la mer	rise in sea level
le niveau d'acidité des océans	ocean acidity levels
le 7ème continent formé par les déchets plastiques	seventh continent of plastic
la désertification/l'érosion des sols	desertification/soil erosion
le blanchiment du corail/des récifs coralliens	coral/coral reef bleaching
la surpêche	overfishing
les dégazages sauvages en pleine mer	illegal degassing at sea
déverser des déchets toxiques	to dump toxic waste
exterminer les insectes pollinisateurs	to exterminate pollinating insects
détruire les habitats naturels	to destroy natural habitats
Des niveaux excessifs de concentration de particules fines créent des pics de pollution.	Excessive levels in the concentration of fine particles create pollution peaks.
Les combustibles fossiles asphyxient la planète.	Fossil fuels suffocate the planet.
***Force est de constater que** les activités humaines accélèrent la destruction de la couche d'ozone.	**It is obvious that** human activities accelerate the destruction of the ozone layer.
***Ne sous-estimons pas** la part des transports aériens/routiers dans la pollution atmosphérique.	**Let's not underestimate** the role played by air/road transport in air pollution.
***On ne peut ignorer** la menace que représentent l'énergie nucléaire et les déchets radioactifs.	**We cannot ignore** the threat posed by nuclear energy and radioactive waste.
*La dangerosité de la fracturation hydraulique **n'est plus à mettre en doute**.	The danger of hydraulic fracturing/fracking **is no longer in doubt**.
***On ne peut plus nier que** les dérèglements climatiques ont pris une ampleur inégalée.	**It can no longer be denied that** climate change has increased in an unprecedented way.

La protection de l'environnement

consommer de façon responsable	to consume responsibly
privilégier les produits bio(logiques) locaux/de saison	to favour local/seasonal organic produce
éviter le gaspillage d'énergie	to avoid wasting energy
réduire sa consommation d'eau/d'électricité	to reduce one's water/electricity consumption
faire le tri sélectif	to sort your waste for recycling.
refuser les emballages inutiles/les plastiques à usage unique	to refuse unnecessary packaging/single-use plastic bags
se servir de sacs réutilisables	to use reusable bags
recycler les déchets/le papier/le carton/le verre/le plastique	to recycle waste/paper/cardboard/glass/plastic
composter les matières organiques	to compost organic matter
réduire son empreinte carbone/écologique en minimisant ses déplacements	to reduce your carbon/ecological footprint by minimizing your travel
encourager le covoiturage et l'utilisation des véhicules électriques	to encourage carpooling (carsharing) and the use of electric vehicles
améliorer le réseau des transports en commun et des pistes cyclables	to improve the public transport and cycle path networks
mettre les piles usagées/les déchets toxiques dans un bac de recyclage	to put old batteries/toxic waste in a recycling bin/ container
apprendre à être un éco-citoyen	to learn how to be an eco-citizen
monter des campagnes de sensibilisation pour changer les comportements	to organize awareness campaigns in order to change behaviours
La défense de l'environnement est un défi à relever par les citoyens/les entreprises/les gouvernements.	Protecting the environment is a challenge for citizens/ businesses/governments.
Réduire les déchets plastiques est un enjeu crucial dans la protection de la planète.	Reducing plastic waste is a crucial issue in the protection of the planet.
*On doit encourager le mode de vie zéro déchet et l'utilisation de matériaux biodégradables.	A zero-waste lifestyle and the use of biodegradable materials must be encouraged.
*Il serait souhaitable de plus innover en ce qui concerne l'architecture durable/écologique.	More innovation in terms of sustainable/ecological architecture would be desirable.
*Il faudrait limiter la vitesse sur les routes afin de diminuer l'impact environnemental des transports.	The road speed limit should be reduced in order to reduce the environmental impact of transport.
*Il est primordial de mettre en place la circulation alternée quand les teneurs en polluants dépassent le seuil d'alerte.	It is essential to implement alternate-day travel when pollutant levels exceed the warning level.
*Nous devons changer nos habitudes alimentaires en consommant moins de viande.	We need to change our eating habits by eating less meat.
*Il est impératif de suivre les conseils des climatologues qui tirent la sonnette d'alarme.	It is imperative that we follow the advice of climatologists who give stark warnings.

Protecting the environment

Le développement durable	Sustainable development
les énergies propres/renouvelables	clean/renewable energy
un bilan carbone neutre	carbon-neutral footprint
l'énergie solaire/éolienne/hydraulique/géothermique	solar/wind/hydroelectric/geothermal energy
les biocarburants	biofuels
la biomasse	biomass
l'éolienne (f)/le parc éolien	wind turbine/wind farm
l'usine (f) marémotrice	tidal power plant
des panneaux solaires (photovoltaïques)	solar (photovoltaic) panels
la pompe à chaleur	heat pump, heat re-use pump
développer l'industrie agro-alimentaire biologique	to develop the organic food industry
éviter les développements à court terme	to avoid short-term developments
adopter des modes de production et de consommation responsables	to adopt sustainable production and consumption models
préserver, améliorer et valoriser l'environnement et les ressources naturelles sur le long terme	to preserve, improve and enhance the environment and natural resources in the long term
acheter des produits provenant de sources durables	to buy products from sustainable sources
maintenir l'équilibre écologique en réduisant les risques environnementaux	to maintain the ecological balance by reducing the risks to the environment
Il n'est pas impossible de changer les mentalités pour aller vers un monde équitable et respectueux de l'environnement.	It's not impossible to change attitudes to move towards a fair and environmentally-friendly world.
Le développement industriel doit être une source de progrès pour tous.	Industrial development must be a source of progress for all.
*On se doit de tenir compte des trois piliers du développement durable qui sont l'efficacité économique, l'équité sociale et la préservation de l'environnement.	We must take into account the three pillars of sustainable development, which are economic efficiency, social equity and environmental protection.
*Il faut prendre en compte la mondialisation/l'accélération des échanges avec le monde entier.	We must take into account the globalization/acceleration in trade with the whole world.
*On ne peut plus ignorer ni l'accroissement des inégalités entre pays riches et pays pauvres ni les prévisions de croissance démographiques.	We can no longer ignore either the increase in inequalities between rich and poor countries or population growth forecasts.
*Il est nécessaire d'assurer la pérennité de l'écosystème tout en assurant le bien-être de tous.	It is necessary to ensure the sustainability of the ecosystem while ensuring the well-being of all.

B Environnement rural et urbain

La vie à la campagne	Country life
la maison dans un hameau/un village	house in a hamlet/village
la ferme en pleine campagne	farm in the open countryside
la villa au bord de la mer	house by the sea
le champ	field
la forêt	forest
la montagne	mountain
le fleuve/la rivière	river
le lac/l'étang (m)	lake
la maison de campagne/la résidence secondaire	house in the country/second home
le milieu rural	rural environment
les ruraux (mpl)	country dwellers, residents
l'isolement (m)	isolation/remoteness
un cadre de vie sain, serein et verdoyant	a healthy, serene and green living environment
le coût de vie modéré	low cost of living
l'habitat (m) dispersé	low density housing
une densité très faible d'habitants au mètre carré	very low density of inhabitants per square metre
le sentiment d'appartenance à une communauté	sense of belonging to a community
la rareté des emplois sur place	scarcity of local jobs
le déclin du secteur primaire (agriculture, élevage, pêche)	the decline of the primary sector (agriculture, livestock, fishing)
le manque de transports en commun	the lack of public transport
la dépendance à la voiture	car dependency
Les services publics sont indispensables pour tisser le lien social.	Public services are essential to building social cohesion.
Les commerces itinérants/ambulants pallient à l'absence de commerces de proximité.	Mobile shops make up for the lack of local shops.
Il existe encore des zones blanches (sans internet ou réseau mobile).	There are still 'white zones' (without internet or mobile network).
L'internet et le télétravail permettent aux néo-ruraux d'éviter les déplacements quotidiens.	The internet and teleworking enable people who have moved from urban areas to the countryside to avoid the daily commute.
*À en croire un récent sondage, de plus en plus de jeunes veulent faire un retour à la terre.	According to a recent survey, more and more young people want to return to the land.
*Selon les derniers chiffres, l'exode rural qui vidait les campagnes a diminué au profit d'une nouvelle ruralité.	According to the latest figures, the rural exodus that was emptying the countryside has decreased in favour of a new rurality.
*Pour citer l'écrivain humoriste français Alphonse Allais: « On devrait construire les villes à la campagne car l'air y est plus pur! »	To quote the French comedian Alphonse Allais: 'We should build cities in the countryside because the air is cleaner there!'

La vie en ville

	City life
un appartement dans un immeuble	flat/apartment in a block
une maison dans un lotissement	house in a housing development
le pavillon de banlieue	detached house in a suburb
une HLM dans une cité	block of flats in a council estate
le quartier résidentiel	residential area
le/la banlieusard(e)/le/la pendulaire *(en Suisse)*/le/la navetteur(euse) *(en Belgique)*	commuter
le centre-ville	town/city centre
la proche/la grande banlieue	inner/outer suburb
l'espace (m) vert	green space
le jardin public	park
le centre commercial	shopping centre/mall
la circulation/les embouteillages (mpl)	traffic/traffic jams
l'anonymat (m)	anonymity
l'aménagement (m) de rues piétonnes	development of pedestrianized streets
les déplacements domicile-travail aux heures de pointe	commuting to and from work during rush hour
la pollution due aux encombrements	pollution due to traffic congestion
vivre en milieu urbain	to live in an urban environment
jouir d'un grand choix de distractions	to enjoy a wide range of entertainments
avoir des infrastructures de loisirs à proximité	to have easy access to leisure activities
apprécier l'accessibilité des services	to value the accessibility of services
Les problèmes d'insécurité (liés à la criminalité ou au terrorisme) m'inquiètent énormément.	I am very concerned about the problems of insecurity (related to crime or terrorism).
On assiste à la ghettoïsation de certains quartiers.	We are witnessing the ghettoisation of certain neighbourhoods.
En ville, il est parfois difficile de trouver des logements spacieux et abordables.	In the city, it is sometimes difficult to find spacious and affordable housing.
*Aux dires de certains économistes, le secteur tertiaire (entreprises ou administrations) se déplacerait en zone rurale ou périurbaine.	According to some economists, the tertiary sector (companies or administrations) is moving to rural or peri-urban areas.
*Les chiffres indiquent qu'un nombre croissant de citadins trouvent le rythme de vie en ville trop stressant.	Figures indicate that a growing number of city dwellers find the pace of life in the city too stressful.
*Des études récentes révèlent que beaucoup de citadins rêvent de vivre dans une agglomération à échelle plus humaine.	Recent studies reveal that many city dwellers dream of living in a more human-scale city.

C Droits de l'homme

Les droits fondamentaux	Fundamental rights
la Déclaration Universelle des Droits de l'Homme	Universal Declaration of Human Rights
les valeurs (fpl) clés: la dignité, l'égalité, la non-discrimination	key values: dignity, equality, non-discrimination
le droit à la vie, à la liberté et à la sûreté de sa personne	right to life, liberty and personal safety
l'interdiction (f) de l'esclavage/de la torture/de l'arrestation (f) arbitraire	prohibition of slavery/torture/unlawful arrest
la présomption d'innocence	presumption of innocence
le droit à une justice équitable	right to equal justice
la protection de la vie privée/le droit au mariage et à la famille	protection of privacy/the right to marry and a family
le droit à la nationalité/à l'asile/à la libre circulation	right to nationality/to asylum/to freedom of movement
la liberté de conscience/d'opinion et d'expression/de réunion et d'association	freedom of conscience/of opinion and expression/of assembly and association
l'égal accès aux fonctions publiques/la liberté du vote	equal access to public services/right to vote
le droit à la santé et à la protection sociale	right to health and social security
le droit au travail/à une rémunération décente/au congé	right to work/to fair pay/to holidays
le droit de propriété	right to own property
le droit à l'éducation/à l'accès à la culture	right to education/access to culture
sans distinction de race, de couleur, de sexe, de langue, de religion, d'opinion politique, d'origine nationale ou sociale, de fortune, de naissance ou de toute autre situation	without distinction of race, colour, sex, language, religion, political opinion, national or social origin, wealth, birth or other status
un défenseur des droits de l'homme	human rights activist
avoir le droit de/jouir d'un droit de	to have the right to/to enjoy a right to
Plus tard, je voudrais étudier le droit international et travailler comme avocat pour défendre les droits de tous les réfugiés.	Later on, I would like to study international law and work as a lawyer to defend the rights of all refugees.
Les droits de l'homme sont universels, indivisibles (tous aussi importants les uns que les autres) et inaliénables (ne peuvent pas être retirés, même en situation d'urgence).	Human rights are universal, indivisible (all equally important) and inalienable (cannot be withdrawn, even in emergency situations).
*Suite à l'extermination de millions de personnes pendant la 2ème guerre mondiale, il fallait protéger les citoyens de violations possibles perpétrées par un gouvernement.	Following the extermination of millions of people during the Second World War, it was necessary to protect citizens from possible violations perpetrated by a government.
*On dit que la France est la « patrie des droits de l'Homme » en raison de la vocation universelle de la Déclaration des Droits de l'Homme et du Citoyen de 1789.	France is said to be the 'homeland of human rights' because of the universal nature of the 1789 Declaration of the Rights of Man and of the Citizen.
*Certains droits peuvent être restreints en cas de danger exceptionnel pour la nation et on peut être privé de liberté dans la mesure où on a commis un crime.	Some rights may be curtailed in case of exceptional risk to the nation and you may be deprived of your freedom if you have committed a crime.

Les violations des droits de l'homme

Human rights violations

la confiscation de biens	confiscating someone's property
le harcèlement policier	police harassment
la mise en détention sans inculpation ni procès/la détention arbitraire	detention without charge or trial/unlawful arrest
le traitement dégradant/la marginalisation	degrading treatment/marginalization
l'exil (m)/le déplacement forcé de populations	exile/forcible displacement of populations
le travail des mineurs	child labour
le trafic de femmes (pour la prostitution)	trafficking of women (for prostitution)
l'enrôlement (m) de force/les enfants soldats	forced recruitment/child soldiers
l'esclavage (m)/la servitude	slavery/servitude
le nettoyage ethnique/le génocide	ethnic cleansing/genocide
enfreindre les droits de l'homme	to violate human rights
entraver la liberté sous couvert de l'état d'urgence	to restrict freedom on the pretext of a state of emergency
bafouer le droit à la liberté d'expression	to violate the right to freedom of expression
commettre un crime contre l'humanité	to commit a crime against humanity
dénier le droit d'asile aux migrants	to deny migrants the right of asylum
faire l'objet d'une surveillance/d'un fichage	to be subject to surveillance/monitoring
Dans certains états, il est dangereux d'exprimer ses opinions.	In some countries, it is dangerous to express your opinions.
Certains états limitent les libertés fondamentales pour faire face à la menace terroriste.	Some countries limit fundamental freedoms to combat the terrorist threat.
La technologie permet de plus en plus l'intrusion dans la vie privée et le profilage généralisé des citoyens.	Technology is increasingly allowing the invasion of privacy and widespread profiling of citizens.
Aucune situation ne peut justifier les enlèvements, les actes de torture, les mauvais traitements, les viols ou les homicides.	No circumstances can justify kidnapping, torture, ill-treatment, rape, or murder.
Des ONG dénoncent les abus et les violations des droits de l'homme dans certains états coupables de discrimination, d'exclusion, d'oppression et de violence.	NGOs denounce human rights abuses and violations in some countries which are guilty of discrimination, exclusion, oppression and violence.
*Je me demande si les restrictions de certains droits comme établir un couvre-feu sont des mesures de sécurité justifiées par un état d'urgence ou une enfreinte aux droits de l'homme.	I would question whether restricting certain rights, such as imposing a curfew, is a security measure justified by a state of emergency or a violation of human rights.
*Je m'interroge pour savoir si le respect des différences culturelles d'un pays impose d'accepter la transgression de certains droits universels.	I wonder whether respecting a country's cultural differences implies accepting the violation of certain universal rights.
*La question se pose de savoir si des pratiques comme le mariage forcé, l'excision, les « crimes d'honneur » doivent être respectées comme traditions culturelles alors que beaucoup en souffrent.	The question arises as to whether practices such as forced marriage, female genital mutilation, and 'honour killings' should be respected as cultural traditions while a lot of people suffer as a result.
*Difficile de ne pas questionner certaines lois comme la peine de mort ou l'autorisation du port d'armes dans certains pays alors que ce sont des atteintes flagrantes aux droits de l'homme.	It is impossible not to question some laws, such as the death penalty or the right to carry arms in some countries, when they are blatant violations of human rights.

Éduquer et faire respecter les droits

l'éducation à la démocratie

des compétences de citoyenneté

un esprit de compréhension/de tolérance/de justice

l'appréciation (f) de la diversité culturelle

l'égalité entre les sexes et les groupes ethniques

le désir de vivre dans une société libre

renforcer le respect des droits de l'homme et des libertés fondamentales

sensibiliser l'opinion publique sur la situation des personnes vulnérables

adopter des points de vue et des comportements respectueux des autres

promouvoir la démocratie, la justice sociale, la solidarité

entretenir l'amitié entre les peuples et les nations

agir pour établir une culture de paix

Selon moi, le programme du BI aide à mieux comprendre les enjeux de la compréhension interculturelle dans le monde.

Grâce au BI, j'ai acquis des attitudes et des valeurs qui transcendent les différences de culture, de religion, de sexe ou de politique.

Avec les activités CAS, j'ai appris à servir les personnes plus défavorisées de la communauté locale tout en respectant leur dignité.

L'éducation doit encourager l'empathie, la solidarité et l'engagement à soutenir tous ceux dont les droits sont menacés.

*Des organisations comme Amnesty International et Médecins Sans Frontières **travaillent pour dénoncer** les violations des droits humains dans le monde.

*Les préjudices causés doivent être reconnus par la justice de tribunaux pénaux internationaux **pour que** les victimes **puissent obtenir** réparation.

*Chacun d'entre nous peut agir au quotidien et à son niveau **afin de défendre** les droits fondamentaux de tous.

*La Déclaration Universelle des Droits de l'Homme nous responsabilise tous **afin que** la dignité de l'homme **soit** respectée.

*Il est nécessaire d'aménager les lieux publics **de façon à permettre** l'accès aux personnes handicapées et ne pas les marginaliser.

Education and enforcement of rights

education in democracy/democratic citizenship

citizenship skills

spirit of understanding/tolerance/justice

recognition of cultural diversity

gender and ethnic equality

desire to live in a free society

to reinforce respect for human rights and fundamental freedoms

to raise public awareness of the situation of vulnerable people

to adopt views and behaviours that are respectful of others

to promote democracy, social justice, solidarity

to maintain friendship between peoples and nations

to work towards establishing a culture of peace

In my opinion, the IB programme helps to better understand the realities of intercultural understanding around the world.

Through the IB, I have acquired attitudes and values that can transcend differences in culture, religion, gender or politics.

Through CAS activities, I have learned to help the most disadvantaged people in the local community while at the same time respecting their dignity.

Education must promote empathy, solidarity, and a commitment to help all those whose rights are threatened.

Organizations such as Amnesty International and Médecins Sans Frontières **work to denounce** human rights violations around the world.

The damage caused must be recognized by international criminal tribunals **in order for** victims **to obtain** reparation.

Every one of us can do something on a daily basis and at our own level **to defend** the fundamental rights of us all.

The Universal Declaration of Human Rights empowers us all **to ensure that** human dignity **is** respected.

We must design public places **in such a way as to allow** people with mobility issues to access them and not be marginalized.

D Paix et conflits

Pourquoi la guerre? / Why war?

la guerre mondiale/civile/de religion/d'indépendance	world/civil/religious/independence war
la rébellion/l'insurrection (f)/le conflit armé	rebellion/insurrection/armed conflict
l'attaque (f) terroriste/l'attentat (m)	terrorist attack/attack
l'ennemi (m)/l'adversaire (m)	enemy/opponent
l'armée (f)/les forces (f) armées	army/armed forces
le soldat/la soldate/le militaire/la militaire	soldier/serviceman/servicewoman
le combattant/la combattante	fighter
les armes nucléaires/chimiques/biologiques/bactériologiques	nuclear/chemical/biological/bacteriological weapons
les bombardements (mpl)	bombings/bombardments
le combat meurtrier	murderous combat/deadly struggle
de violents affrontements (mpl)	violent clashes
la population civile	civilian population
l'occupation par des troupes ennemies	occupation by enemy forces
le groupe de résistance clandestin	underground resistance group
la défaite/la capitulation	defeat/surrender
la victoire/le triomphe	victory/triumph
passer à l'attaque	to attack
envahir/occuper un territoire	to invade/to occupy a territory
ouvrir le feu/les hostilités	to open fire/start fighting
se battre/combattre/s'affronter	to fight
entretenir un climat d'insécurité	to maintain a state of insecurity
semer la mort	to wreak death and destruction
être (grièvement) blessé	to be (seriously) injured
perdre la vie	to die/lose your life
mourir pour la patrie/son pays	to die for the homeland/your country

J'ai lu quelque part qu'environ une personne sur quatre vivait dans un pays touché par un conflit.

I read somewhere that about one in four people lives in a country affected by war.

De nombreux conflits s'expliquent essentiellement par des raisons historiques et géopolitiques.

Many conflicts are mainly explained by historical and geopolitical reasons.

*Le fait que le monde soit de plus en plus inégal et dominé par la recherche du profit **explique** un grand nombre de conflits.

The fact that the world is increasingly unequal and dominated by the pursuit of profit **explains** many wars.

*Obtenir le contrôle d'un territoire ou de ressources naturelles **est la cause de** nombreux conflits.

Gaining control of a territory or natural resources **is the cause of** many conflicts.

*La revendication de droits historiques sur un territoire peut **être à l'origine d'**une confrontation armée.

Reclaiming historical rights over a territory can **lead to** armed conflict.

*Les questions d'inégalité, d'injustice et d'exclusion **sont la source de** nombreux conflits.

Inequality, injustice, and exclusion **are the source of** many conflicts.

Les effets de la guerre

le nombre de morts et de blessés	number of dead and wounded
mort au combat	killed in action/combat
l'orphelin (m) de guerre	war orphan
le camp de détention/de concentration	detention/concentration camp
les personnes déplacées/déportées	displaced/deported persons
l'état (m) /syndrome (m) de stress post-traumatique (ESPT)	post-traumatic stress disorder (PTSD)
la destruction des infrastructures	destruction of infrastructure
l'accès réduit à l'hygiène/aux soins médicaux/à l'éducation	reduced access to hygiene/medical care/education
des besoins en soins d'urgence/en chirurgie d'urgence	emergency care/emergency surgery needs
l'handicap dû aux mines anti-personnel	handicap due to anti-personnel mines
faire de nombreuses victimes parmi les civils	to cause many civilian casualties
être le témoin d'atrocités	to witness atrocities
se réfugier dans des camps	to take refuge in camps
se retrouver sans-abri	to become homeless
être séparé des siens	to be separated from your family
fuir un pays en guerre	to flee a country at war
porter atteinte à l'économie d'un pays	to damage the economy of a country

La guerre a des répercussions sur tous les aspects de la vie comme la nourriture, l'alimentation en eau, la santé, le logement, la scolarité, le travail.

War has repercussions on all aspects of life such as food, water supply, health, housing, education, and work.

Le nombre des réfugiés et des personnes déplacées a été multiplié par trois au cours des 30 dernières années.

The number of refugees and displaced persons has tripled over the past 30 years.

Tout conflit armé a des conséquences à long terme, comme le ressentiment, la haine et les traumatismes psychologiques.

Any armed conflict has long-term consequences, such as resentment, hatred, and psychological trauma.

La stratégie militaire de l'écocide implique la destruction délibérée de l'environnement par l'utilisation de produits toxiques.

The military strategy of ecocide involves deliberately destroying the environment through the use of hazardous substances.

Dans certains pays, beaucoup d'enfants sont tués ou mutilés, emprisonnés ou recrutés par des groupes qui les exploitent.

In some countries, many children are killed or maimed, imprisoned, or recruited by groups who exploit them.

*Il est indéniable que les femmes souffrent énormément pendant les conflits vu que le viol et d'autres formes de violence sexuelle sont utilisés comme armes de guerre.

It is undeniable that women suffer enormously during conflicts given that rape and other forms of sexual violence are used as weapons of war.

*Il va de soi que les pertes en vie humaine et les destructions retardent le développement de l'économie des pays en guerre et les pénalisent.

It goes without saying that the loss of human life and destruction delay the development of the economies of countries at war and penalize them.

*Il est évident que l'impact d'un conflit va au-delà des victimes directes, en déchirant des familles et dévastant des sociétés sur plusieurs générations.

It is obvious that the impact of a conflict goes much further than the victims themselves, by destroying families and devastating societies across several generations.

Un monde en paix

Peaceful world

la trêve/le cessez-le-feu/la cessation des hostilités/l'armistice (f)	truce/ceasefire/suspension of hostilities/armistice
la démobilisation/l'évacuation (f)/la libération	demobilization/evacuation/release
la résolution du conflit	conflict resolution/end of the war
le rétablissement de la paix	peacemaking
l'opération (f)/la mission de maintien de la paix	peacekeeping operation
la diplomatie	diplomacy
l'architecte (m)/l'artisan (m) de la paix	peacemaker
le médiateur/le conciliateur	mediator/peacemaker
les casques bleus (de l'ONU)	UN peacekeepers
la réparation des dommages causés	repairing the damage caused/compensation for damage caused
mettre un terme aux affrontements	to put an end to the clashes
parvenir à un accord	to reach an agreement
signer un traité de paix	to sign a peace treaty
reconstruire les infrastructures détruites	to rebuild the damaged infrastructure
apporter aux victimes un soutien psychologique	to provide victims with psychological support
faciliter la réintégration des soldats dans leur communauté	to facilitate soldiers' reintegration into their communities
instaurer le dialogue et rebâtir des liens entre les individus dans des sociétés divisées	to establish a dialogue and rebuild relationships between individuals in divided societies
dénoncer les incitations à la haine	to denounce incitement to hatred
empêcher un regain de violence	to prevent an increase in violence
s'attaquer aux racines du conflit	to address the root causes of the conflict
rejeter l'engrenage (m) de la violence	to reject the spiral of violence
La guerre n'est pas la solution et on doit garantir le droit à l'objection de conscience.	War is not the solution and the right to be a conscientious objector must be guaranteed.
On peut utiliser le boycott et la menace de sanctions pour empêcher un pays de poursuivre une politique belliqueuse.	Boycotts and threats of sanctions can be used to prevent a country from adopting a policy of aggression.
Je pense qu'on doit soutenir des solutions pacifiques et promouvoir une culture de paix et de non-violence.	I believe that we must support peaceful solutions and promote a culture of peace and non-violence.
Selon moi, le désarmement total serait plus efficace que la dissuasion nucléaire pour empêcher les guerres.	In my opinion, total disarmament would be more effective than nuclear deterrence in preventing wars.
*Si l'on stimulait une croissance économique équitable, en réduisant les inégalités flagrantes, on favoriserait la compréhension et la coopération entre les peuples.	If we stimulated economic growth equitably, by reducing gross inequalities, we would promote understanding and cooperation among peoples.
*Si l'on pouvait empêcher la dégradation des écosystèmes qui accentue la pauvreté, on réduirait l'instabilité politique qui débouche souvent sur des conflits armés.	If we could prevent ecosystems from degrading and making poverty worse, we would reduce political instability, which often leads to armed conflict.

Richesse et pauvreté	Wealth and poverty
le seuil de pauvreté	poverty line/poverty threshold
la précarité/le dénuement total/l'indigence	poverty/total deprivation/destitution
le quart-monde	Fourth world/the underclass
les disparités sociales	social disparities
les privations	deprivations
l'accumulation (f) des dettes	accumulation of debts
le logement précaire (squat, camping, abri de fortune)	precarious housing (squat, camping, makeshift shelter)
le pouvoir d'achat réduit	reduced purchasing power
les revenus (mpl) modestes	modest incomes
les classes (fpl) privilégiées/les milieux aisés	privileged classes/the wealthy
mener un train de vie luxueux/vivre dans l'opulence	to lead a luxurious lifestyle/live in opulence
rouler sur l'or (fam)/être plein aux as (fam)	to be rolling in it/to be filthy rich
avoir du mal à joindre les deux bouts (fam)	to have problems making ends meet
ne plus pouvoir subvenir à ses besoins	to no longer be able to support yourself
avoir des revenus insuffisants	to have insufficient income
manquer des denrées essentielles	to lack basic commodities/essential goods
être à découvert avant la fin du mois	to be overdrawn/in the red before the end of the month
gagner le SMIC (salaire minimum de croissance)	to earn the minimum wage
recevoir des aides/des allocations sociales	to be on welfare/to claim benefits

La question de l'aggravation des inégalités sociales est d'une actualité brûlante.	The worsening of social inequalities is a hotly-debated issue.
On associe souvent la grande pauvreté aux pays en développement mais la misère existe aussi à notre porte.	We often associate extreme poverty with developing countries, but poverty also exists on our doorstep.
La crise financière de 2008 a précipité des millions de personnes dans le besoin alors que les grosses fortunes ont augmenté.	The 2008 financial crisis plunged millions of people into poverty while the richest increased their wealth.
L'insécurité alimentaire existe en milieu rural mais elle y est souvent moins visible que dans les grandes villes.	Food insecurity exists in rural areas but is often less visible than in large cities.
*N'est-il pas temps de reconsidérer la répartition des richesses afin de réduire la fracture sociale?	Is it not time to reconsider the distribution of wealth in order to reduce the social divide?
*Comment ne pas s'élever contre les écarts entre riches et pauvres alors qu'on n'a jamais produit autant de richesses?	How can we not protest against the gap between rich and poor when we have never produced so much wealth?
*Que penser de la « théorie du ruissellement des richesses » selon laquelle l'idée qu'en permettant aux plus entreprenants de créer de la richesse, les autres en profiteront?	What can we make of the 'trickle down of wealth theory' according to which if we allow the most resourceful to create wealth, others will benefit?
*Pourquoi ne pas mettre en place un commerce plus équitable plutôt que de compter sur l'aide du développement?	Why not establish fairer trade practices rather than relying on development aid?

Marginalisation et exclusion

les SDF (sans domicile fixe) (mpl)/les sans-abri (m)

les habitants (m) des quartiers défavorisés

les sans-papiers

les personnes en situation de handicap et de maladie invalidante

les chômeurs de longue durée

l'exclusion scolaire

des conditions de vie insalubres

les prestations (fpl) sociales

le programme d'insertion/de réinsertion

le centre d'hébergement/le foyer d'urgence

la banque alimentaire

être licencié/perdre son emploi/faire faillite

se retrouver dans la rue

mendier/faire la manche (fam)

être rejeté/stigmatisé/la cible de discriminations

perdre confiance en soi/perdre pied

maintenir un lien social

L'extrême pauvreté et l'exclusion sociale constituent une violation de la dignité humaine.

Personne n'est « immunisé » contre l'exclusion.

L'exclusion peut résulter de la perte de son emploi et de ses revenus comme de la perte de son conjoint par veuvage ou divorce.

Un faible niveau scolaire et l'analphabétisme sont une cause majeure d'exclusion entraînant la perte de l'estime de soi.

Des associations caritatives doivent s'occuper d'actions humanitaires de proximité de plus en plus nombreuses en France.

Les Restos du Cœur ouvrent leurs portes pour accueillir un nombre croissant de Français qui n'ont pas les moyens de manger.

*La première constatation qui s'impose quand on considère la marginalisation, c'est que c'est un cercle vicieux: le décrochage scolaire, le manque de diplôme, le chômage, les conditions de vie précaires, la mauvaise santé et finalement la vie en marge.

*La première remarque que l'on peut faire est que le sentiment d'inutilité sociale peut mener une personne marginalisée à ne plus avoir de perspective d'avenir et à sombrer dans la dépression.

*Il convient tout d'abord de se pencher sur comment aider la réinsertion sociale des personnes exclues.

Marginalization and exclusion

the homeless

residents of deprived neighbourhoods

illegal immigrants

people with disabilities and disabling illnesses

long-term unemployed

exclusion from school

unhealthy living conditions

social benefits

integration/rehabilitation programme

shelter/emergency shelter

food bank

to be made redundant/to lose your job/to go bankrupt

to find yourself on the street

to beg

to be rejected/stigmatized/the target of discrimination

to lose your self-confidence/to be overwhelmed

to maintain a link to society

Extreme poverty and social exclusion constitute a violation of human dignity.

No one is 'immune' to exclusion.

Exclusion can be the consequence of losing your job and income as well as losing a spouse through widowhood or divorce.

Low educational attainment and illiteracy are a major cause of exclusion which can lead to losing your self-esteem.

Charities have to set up more and more local humanitarian activities in France.

The Restos du Cœur open their doors to cater for a growing number of French people who cannot afford to eat.

The first observation to be made when considering marginalization is that it is a vicious circle: dropping out of school, the lack of an education, unemployment, insecure living conditions, poor health, and finally living on the fringes of society.

The first point to make is that feeling socially useless can lead a marginalized individual to lose sight of their future and become depressed.

First of all, we have to look at how we can help excluded people reintegrate into society.

La parité existe-t-elle?

l'égalité (f) des chances	equal opportunity
la différence de salaire/l'égalité des salaires	gender pay gap/equal pay
la disparité entre les sexes	gender imbalance
la condition féminine/le statut des femmes	women's issues/women's status
le plafond de verre	glass ceiling
la femme qui fait carrière/la femme au foyer	career woman/housewife
les obstacles multiples à la promotion des femmes	multiple barriers to female advancement
la chasse gardée pour les hommes	male preserve
être sous-représenté	to be under-represented
instaurer des quotas	to introduce quotas
occuper un emploi subalterne	to do a menial job
dépendre financièrement de quelqu'un	to be financially dependent on somebody
obtenir un poste de responsabilité/de haut niveau	to get to a position of responsibility/a top job
réussir sa carrière	to have a successful career
jongler pour concilier carrière et vie de famille	to juggle a career and family life

Does parity exist?

Pendant des siècles, les femmes n'étaient pas reconnues légalement comme l'égal des hommes et dépendaient de leur mari.

For centuries, women were not legally recognised as equal to men and were dependent on their husbands.

Les femmes ont dû se battre pour atteindre le niveau d'égalité légale et juridique qu'elles ont aujourd'hui.

Women have had to fight to achieve the level of equality in the eyes of the law they have today.

Les femmes se sont battues pour l'obtention de la parité et de l'équité salariale.

Women fought for parity and equal pay.

La parité vise à augmenter le nombre de femmes occupant des postes liés au pouvoir et aux décisions, comme au sein du gouvernement ou des grandes entreprises.

Gender equality aims to increase the number of women in positions of power and decision-making, such as in government or large companies.

Les déséquilibres entre hommes et femmes ne sont pas une fatalité mais le résultat de choix politiques et il existe des moyens concrets d'y remédier.

Gender inequalities are not inevitable but the result of political choices and there are concrete ways to tackle them.

*En dépit d'indéniables progrès sociaux, **c'est honteux/une honte** de voir que les emplois dits féminins ne sont pas valorisés.

Despite undeniable social progress, **it is disgraceful** to see that so-called women's jobs are not valued.

*C'est scandaleux/C'est un scandale** de voir qu'au 21ème siècle, femmes et hommes ne partagent toujours pas équitablement les tâches ménagères.

It is outrageous to see that in the 21st century, women and men are still not sharing household chores equally.

*Je suis indigné(e) que** l'on **doive** encore de nos jours réclamer une rémunération égale pour travail de valeur égale.

I am appalled that still today **we should have to** demand equal pay for equal work.

*Je suis outré(e) qu**'il y **ait** encore tant de barrières invisibles empêchant la pleine participation des femmes à la vie publique.

I am outraged that there **should still be** so many invisible barriers preventing women from taking part fully in all aspects of public life.

*C'est intolérable/inadmissible/inacceptable/ insupportable que** le droit au respect et notamment à la protection contre le harcèlement sexuel n'**existe** pas toujours sur le lieu de travail.

It is intolerable/just wrong/unacceptable/unbearable that the right to be respected and in particular to be protected from sexual harassment **is** not always upheld in the workplace.

F Mondialisation

voir 3 D

Les avantages de la mondialisation	Benefits of globalization
l'ouverture (f) des frontières	opening of borders
le commerce international	international trade
la création d'emplois (mpl)	job creation
des prix plus bas pour le consommateur	lower prices for consumers
l'augmentation (f) des investissements étrangers	increase in foreign investment
la concurrence	competition
le libre échange	free trade
la libre circulation des biens/des personnes	free movement of goods/people
le grand choix de produits pour le consommateur	wide range of products for consumers
la mise en commun des ressources	pooling of resources
la plus grande diffusion des connaissances	greater dissemination of knowledge
la hausse du niveau de vie global des populations de la planète	an increase in the global standard of living
le développement à l'échelle planétaire des relations commerciales/technologiques/politiques/culturelles	global development of trade/technological/political/cultural relations
la délocalisation industrielle	industrial relocation
développer des organismes gouvernementaux de coopération internationale comme l'ONU pour le maintien de la paix	to set up government agencies for international cooperation such as the UN for peacekeeping
permettre aux pays en développement de s'industrialiser	to enable developing countries to industrialize
offrir de meilleures possibilités d'emploi au niveau international	to provide better employment opportunities internationally
réduire les inégalités entre pays développés et pays en développement	to reduce inequalities between developed and developing countries

On parle parfois de « village global » pour exprimer l'idée que grâce à la technologie tous les habitants de la planète sont virtuellement proches les uns des autres.

Sometimes we speak of a 'global village' to express the idea that thanks to technology all the inhabitants of the planet are very close to each other virtually.

Des problèmes tels que le réchauffement climatique, le maintien de la diversité biologique ou le terrorisme rendent nécessaire la mondialisation de certaines décisions politiques.

Problems such as global warming, the preservation of biological diversity or terrorism make it necessary to globalize certain political decisions.

La délocalisation permet d'obtenir des avantages compétitifs comme une main-d'œuvre moins chère ou plus qualifiée.

Relocating makes it possible to obtain competitive advantages such as cheaper or more skilled labour.

La Banque mondiale aide les pays qui sortent d'un conflit, ou ceux qui sont écrasés par les dettes.

The World Bank helps countries recovering from war or those crippled by debt.

*Les défenseurs de la mondialisation affirment qu'elle encourage l'aide internationale par le biais de prêts ou de dons, de livraisons alimentaires et de programmes éducatifs.

Advocates of globalization claim that it encourages international aid through loans or donations, food deliveries, and educational programmes.

*Les partisans de la mondialisation font valoir qu'elle a le potentiel de résoudre au niveau planétaire des problèmes profondément enracinés comme le chômage et la pauvreté.

Supporters of globalization argue that it has the potential to solve deep-rooted global issues such as unemployment and poverty.

Les inconvénients de la mondialisation

l'altermondialisme (m)

l'exploitation des travailleurs

la domination de certains pays sur d'autres

la disparition des petits producteurs

la désindustrialisation

la surexploitation des matières premières

l'épuisement des ressources naturelles

la crainte d'un krach boursier au niveau planétaire

un facteur d'accroissement des inégalités et des injustices sociales

l'hégémonie des grandes entreprises multinationales

l'uniformisation des cultures

la disparition des particularités nationales ou régionales

la perte d'identité culturelle

concentrer la richesse mondiale sur une élite financière

aggraver les problèmes liés au réchauffement climatique

faciliter le trafic illégal (drogue, organes, etc)

exacerber les disparités entre nantis et défavorisés

Les emplois sont souvent transférés dans des pays ou régions où la main d'œuvre est bon marché.

Les travailleurs doivent accepter des salaires très bas s'ils veulent conserver leur emploi.

La globalisation crée un système politique où seuls les plus riches ont de l'influence.

La mondialisation amplifie l'opposition entre pays du « Nord » et pays du « Sud », c'est-à-dire entre pays développés et pays en développement.

Les altermondialistes veulent un « autre » monde, basé non pas sur le profit et l'exploitation mais sur la justice économique et sociale, la protection de l'environnement et les droits humains.

*Les opposants à la mondialisation critiquent l'hégémonie de la culture nord-américaine et de la langue anglaise.

*Une des cibles principales des critiques altermondialistes est l'Organisation mondiale du commerce (OMC), qui promeut la libéralisation et l'intensification des échanges commerciaux.

*Selon ses détracteurs, l'OMC suit une idéologie selon laquelle les personnes sont considérées comme des marchandises.

Drawbacks of globalization

anti-globalization

exploitation of workers

domination of some countries over others

disappearance of small producers

deindustrialization

overexploitation of raw materials

depletion of natural resources

fear of a global stock market crash

a factor in the increase of social inequalities and injustices

dominance of large multinational companies

standardization of cultures

loss of national or regional characteristics

loss of cultural identity

to concentrate the world's wealth in the hands of a financial elite

to aggravate the problems associated with global warming

to make illegal trafficking (drugs, organs, etc) easier

to widen the gap between the haves and the have-nots

Jobs are often relocated to countries or regions where labour is cheap.

Workers have to accept very low wages if they want to keep their jobs.

Globalization creates a political system where only the richest have influence.

Globalization amplifies the divide between countries of the 'North' and the 'South', ie between developed and developing countries.

Anti-globalization activists want an 'other' world, based not on profit and exploitation but on economic and social justice, environmental protection, and human rights.

Opponents of globalization **criticize** the dominance of North American culture and of the English language.

One of the main targets of anti-globalization **critics** is the World Trade Organization (WTO), which promotes the liberalization and intensification of trade.

According to its detractors, the WTO follows an ideology which treats people as commodities.

G Éthique

Des questions de société clivantes	Issues which divide society
la légalisation du cannabis	legalization of cannabis
l'interruption (f) volontaire de grossesse (IVG)	abortion
le choix de l'identité de genre	choice of gender identity
le mariage homosexuel/le mariage pour tous	same-sex marriage
la peine de mort	death penalty
la censure	censorship
la géoingénieurie (climatique)	geo-engineering/climate engineering
la colonisation spatiale	space colonization
l'enjeu (m) éthique	ethical issue
la problématique complexe	complex problem
la question morale/philosophique	moral/philosophical question
la polémique/la controverse	controversy
le problème de conscience	matter of conscience
l'argument idéologique/religieux	ideological/religious argument
le débat polarisé	polarised debate
la question épineuse	thorny issue
le véritable casse-tête (fam)	real puzzle/real conundrum
prendre position par rapport à …	to take a position on …
se prononcer sur …	to comment on …
prendre le parti de …/prendre parti pour …	to take the side of …
avoir une opinion bien tranchée sur la question	to have a clear-cut opinion on the issue
Dans ma religion, nous ne sommes pas d'accord avec …/nous n'acceptons pas …	In my religion, we don't agree with …/we don't accept …
Je pense que censurer les propos racistes **est** une nécessité.	**I think that** censoring racist speech **is** a necessity.
Je ne pense pas que condamner quelqu'un à mort **soit** la meilleure façon de faire justice.	**I don't think** sentencing someone to death **is** the best way to do justice.
Je crois que le « mariage pour tous » **est** une évolution positive pour la famille et la société.	**I believe that** same-sex marriage **is** a positive change for the family and society.
Je ne crois pas qu'interdire l'avortement **soit** une bonne idée, surtout pour les victimes de viol.	**I don't think** banning abortion **is** a good idea, especially for rape victims.
Selon moi, **il est certain que** légaliser les drogues douces **n'est pas** une bonne chose.	In my opinion, **it is certain that** legalizing soft drugs **is not** a good thing.
À mon avis, **il n'est pas certain que** la manipulation technologique du climat **puisse** stopper les effets du réchauffement climatique.	To my mind, **it's not clear that** technological manipulation of the climate **could** stop the effects of global warming.
Je ne suis pas convaincu(e) qu'on **ait** le droit de choisir le genre auquel on veut appartenir.	**I am not convinced it is** our right to choose the gender to which we want to belong.
Je ne suis pas convaincu(e) que partir habiter dans l'espace ou sur une autre planète **soit** la solution miracle.	**I am not convinced that** going to live in space or on another planet **is** the miracle cure.

Des questions de bioéthique

Des questions de bioéthique	Bioethical issues
la gestation pour autrui/la procréation médicalement assistée (PMA)	surrogate pregnancy/medically assisted procreation (MAP)
la modification génétique sur embryon	genetic modification of embryos
l'eugénisme (m)	eugenics
le don/le prélèvement/la transplantation d'organes	organ donation/harvesting/transplantation
l'acharnement (m) thérapeutique	(prolonged and aggressive) therapeutic interventions
la fin de vie	end of life
l'arrêt (m) des traitements/des soins	stopping treatment/care
l'état végétatif (m)/l'état (m) de conscience minimale	vegetative state/minimum state of consciousness
l'euthanasie (f)	euthanasia
le suicide assisté	assisted suicide
le clonage humain	human cloning
les interfaces (fpl) cerveau/machine	brain/machine interfaces
le transhumanisme	transhumanism
la cryogénisation	cryogenics
s'engager pour (le droit à la vie)	to campaign for (the right to life)
cautionner (l'expérimentation sur l'homme)	to support (human experimentation)
faire l'apologie de (la longévité humaine)	to promote (human longevity)
avoir des réserves sur (le secret médical)	to have reservations about (medical confidentiality)
ne pas tenir compte (des dégâts collatéraux)	to ignore (collateral damage)
fermer les yeux sur (des pratiques douteuses)	to turn a blind eye to (questionable practices)
s'opposer à (l'usage d'animaux de laboratoires)	to oppose (the use of laboratory animals)
s'élever contre (des expériences dangereuses)	to speak out against (dangerous experiments)
dénoncer (les abus/des idées fausses)	to denounce (abuse/misconceptions)
condamner (l'inhumanité de certaines pratiques)	to condemn (the inhumanity of certain practices)
crier au scandale	to express outrage
définir les paramètres de la recherche	to define the parameters of research
invoquer le principe de précaution	to invoke the precautionary principle
Les innovations scientifiques créent sans cesse de nouveaux problèmes moraux.	Scientific innovations are constantly creating new moral problems.
La bioéthique veille au respect de toute personne humaine.	Bioethics ensure each human being is respected.
La pratique visant à améliorer les capacités des êtres humains par la biotechnologie doit être hautement supervisée.	Methods aiming to improve the capabilities of human beings through biotechnology must be supervised very closely.
De par ma religion et ma culture, j'ai des réserves quant à interférer avec la nature.	Because of my religion and my culture, I have reservations about interfering with what is natural.
La communauté scientifique s'accorde à penser qu'il existe des lignes rouges à ne pas franchir.	The scientific community agrees there are red lines that should not be crossed.

On ne peut pas laisser faire des expérimentations aux effets inconnus et potentiellement délétères.

Experiments with unknown and potentially harmful effects cannot be allowed to continue.

Assurer la pérennité de la planète ou la longévité de la race humaine ne doit pas se faire à tout prix.

Ensuring the sustainability of the planet or the longevity of the human race must not be done at all costs.

La recherche scientifique doit être une quête humaniste pas un affront fait à la dignité humaine.

Scientific research must be a humanistic quest, not an affront to human dignity.

L'usage détourné de médicaments comme les psychotropes par les sportifs pour optimiser leur performance devrait soulever un tollé général.

The misuse by athletes of medication such as psychotropic drugs to maximize their performance should cause a general outcry.

L'intelligence artificielle engendre de bonnes choses comme de mauvaises, tout dépend des données qu'on lui fournit et de l'utilisation qu'on en fait.

Artificial intelligence produces both good and bad things, depending on the data it is fed and how it is used.

*Je comprends qu'on veuille choisir les meilleurs attributs physiques pour son enfant mais cela mène à une médecine à deux vitesses où les plus riches auront les meilleurs gènes.

I understand that you might want to choose the best physical attributes for your child, but it leads to a two-tiered system of medicine, where the richest will have the best genes.

*Je ne supporte pas l'idée qu'on veuille contrôler la reproduction des individus pour engendrer des êtres parfaits au mépris total de l'égalité pour tous.

I cannot bear the idea that we would want to control human reproduction in order to create perfect beings showing total disregard for equality for all.

*Si les couples sans enfants considèrent que la PMA peut réparer une injustice, je conçois mal qu'une mère porteuse soit payée pour créer la vie.

If childless couples think MAP can put right an injustice, I can't abide that a surrogate mother should be paid to create life.

*Si la thérapie génétique permet d'éviter à un enfant de vivre toute sa vie avec une maladie handicapante incurable, je n'admets pas qu'on puisse l'interdire.

If genetic therapy can prevent a child from living his or her entire life with an incurable disabling disease, I can't see why it should be banned.

*Je doute qu'il soit souhaitable de maintenir à tout prix en vie quelqu'un dont le pronostic à long terme est désastreux comme suite à des lésions irréversibles.

I doubt it is advisable to try and keep alive at all costs someone whose long-term prognosis is disastrous, such as irreversible damage.

*Ce qui m'interpelle le plus dans la transplantation, c'est que cela engendre un trafic d'organes de donneurs essentiellement issus de pays pauvres.

What concerns me most about transplant is that it leads to trafficking organs from donors mainly from poor countries.

*Le plus dérangeant pour moi en biotechnologie, c'est qu'on puisse envisager l'existence de clones humains comme banques d'organes.

The most disturbing thing for me in biotechnology is that we should even consider the existence of human clones as organ banks.

*Ce qui me fait le plus peur dans les manipulations du patrimoine génétique humain, c'est qu'on ne sache plus faire la différence entre ce que la technique permet et ce que l'éthique autorise.

What scares me the most about manipulating human genetic heritage is that we no longer know the difference between what technology can do and what ethics allows.

*Étant donné les enjeux des développements en biotechnologie, il semble absolument nécessaire qu'on garantisse leur sûreté en les soumettant à un encadrement légal rigoureux.

Given the stakes involved in biotechnology developments, it seems absolutely necessary to guarantee they are safe by using a rigorous legal framework.

Vocabulaire pour l'examen oral

A Commenter une image (NM)

la photo(graphie)/le cliché/l'image	photo(graph)/snapshot/image
l'illustration (f)	illustration
la publicité	advertisement
l'affiche (f)	poster
ce dont il s'agit sur la photo, c'est …	what this picture is about is …
c'est une photo illustrant …	it's a photo illustrating …
la photo aborde le thème de …	the photo deals with the theme of …
la photo traite de …	the photo is about …
la thématique principale de l'image, c'est …	the main theme of the image is …
sur la photo, on voit/distingue/observe/remarque …	in the photo, we see/distinguish/observe/note …
on aperçoit sur la droite/la gauche/au centre de l'image …	we can see on the right/left/in the centre of the image …
au premier coup d'œil	at first glance
en y regardant de plus près	on closer examination
une vue d'ensemble/un plan d'ensemble	long shot
un gros plan	close-up
au premier plan/au second plan/à l'arrière-plan	in the foreground/in the middle distance/in the background
devant/derrière/à l'avant/à l'arrière	in front of/behind/at the front (of)/at the back (of)
à droite/à gauche/au centre	on the right/on the left/in the centre
en haut/en bas	at the top/bottom
au milieu/dans le coin	in the middle/in the corner
c'est très net	it's very sharp
c'est un peu flou	it's a bit blurry
la scène se passe/se déroule à/en/au/aux … (+ lieu/moment)	the scene takes place in/at … (+ place/time)
cette photo a (probablement) été prise à/en/au/aux/pendant/lors de …	this photo was (probably) taken in/on/during …
on peut identifier le contexte grâce à la présence de …	the context can be identified through the presence of …
le regard est attiré sur …	the eye is drawn to …
l'expression du visage nous laisse à penser que …	the expression on the face suggests that …
sembler/avoir l'air (+ adjectif)	to look (+ adjective)
avoir l'air de (+ infinitif)	to look as if (+ verb)
venir de (+ infinitif)	to have just done
être en train de (+ infinitif)	to be in the process of doing
être sur le point de (+ infinitif)	to be on the point of doing

il semble que/il semblerait que/il est possible/ probable que (+ subjonctif)	it seems that/it would seem that/it is possible/likely that
la photo me fait penser à .../la photo me rappelle ...	the picture reminds me of ...
le but de cette photo est d'attirer l'attention sur ...	the purpose of this photo is to draw attention to ...
cette image nous informe/nous donne à penser/nous fait découvrir	this image informs us/makes us think/makes us discover
l'image symbolise .../évoque .../fait référence à .../ suggère .../donne l'impression de .../exprime un sentiment de ...	the image symbolizes .../evokes .../refers to .../ suggests .../gives the impression of .../expresses a feeling of ...
on pourrait interpréter cette photographie comme une dénonciation de .../une critique de .../une apologie de .../une propagande pour ...	this photograph could be interpreted as a denunciation of .../a critique of .../an apology for .../propaganda for ...
la photo donne/laisse une impression de calme/de bonheur/de paix/de violence/de malaise	the photo gives/leaves an impression of calm/happiness/ peace/violence/unease
j'en déduis que l'intention du photographe est de ... (+ infinitif)	I assume the photographer's intention is to ...
j'imagine que/je suppose que ce que le photographe veut dire, c'est ...	I guess/suppose what the photographer means is ...
ici, ce qui m'amuse/m'intéresse/me surprend/me fait réfléchir/me choque/me frappe/m'interpelle, c'est ...	here, what amuses me/interests me/surprises me/makes me think/shocks me/strikes me/bothers me, is ...

B Présenter un extrait littéraire (NS)

le genre	genre
le roman	novel
la pièce de théâtre	theatre play
la nouvelle/le recueil de nouvelles	short story/collection of short stories
le poème/la poésie	poem/poetry
le texte en prose/en vers	text in prose/verse
la date de parution/de publication	publication date
l'auteur(e)/l'écrivain(e)/le romancier/la romancière/ le/la poète/le/la dramaturge	author/writer/novelist/poet/playwright
le narrateur/la narratrice	narrator
le personnage/le héros/l'héroïne/le/la protagoniste	character/hero/heroine/protagonist
le style de l'auteur(e)	author's style
un procédé stylistique/une figure de style	stylistic device/stylistic figure
l'utilisation d'images/de métaphores/de comparaisons	use of images/metaphors/comparisons
le rythme/les allitérations/les rimes	rhythm/alliteration/rhymes
l'œuvre s'appelle …/s'intitule …/est intitulée …	The work is called …/is entitled …
c'est un roman d'amour/à l'eau de rose (fam)	it's a love story/soppy romance novel
c'est un roman d'aventures/de science-fiction	it's an adventure/science fiction novel
c'est un roman épistolaire/policier/fantastique	it's an epistolary/detective/fantasy novel
c'est une biographie/une autobiographie	it is a biography/an autobiography
c'est un(e) auteur(e) célèbre/connu(e)/réputé(e)	he/she is a famous/known/well-known author
le texte est extrait d'une œuvre contemporaine	the text is taken from a contemporary work
l'œuvre est parue/a été publiée en xxxx/au début du 20ème siècle	the work came out/was published in xxxx/at the beginning of the 20th century
c'est un classique de la littérature française du 20ème siècle	it is a classic of 20th century French literature
l'auteur(e) appartient au courant littéraire qui s'appelle le romanticisme/le réalisme/le surréalisme	the author belongs to the literary movement called romanticism/realism/surrealism
l'auteur(e) est relativement peu connu(e)/assez méconnu(e)	the author is relatively unknown
le point de vue de la narration est omniscient/ interne/externe	it is omniscient narration/the narration is in the first person/the narration is in the third person
Dans cet extrait, on rencontre/découvre le personnage principal/un personnage secondaire.	In this excerpt, we meet/discover the main character/ a secondary character.
C'est un personnage sympathique/touchant/ séduisant/attachant.	He/She is a friendly/touching/attractive/endearing character.
Le personnage semble antipathique/désagréable/ déplaisant/répugnant.	The character seems unfriendly/obnoxious/unpleasant/ disgusting.
La scène est un monologue/un dialogue/une conversation entre …	The scene is a monologue/dialogue/conversation between …

c'est un texte descriptif	it is a descriptive text
le registre de langue est familier/soutenu	the register is informal/formal
le style est original/unique/novateur	the style is original/unique/innovative
le style est classique/ordinaire/banal	the style is conventional/ordinary/banal
le ton/la tonalité du texte est tragique/comique/lyrique/ironique/philosophique	the tone of the text is tragic/comic/lyrical/ironic/philosophical
les procédés stylistiques utilisés par l'auteur(e) contribuent à rendre ce texte …	the stylistic features used by the author contribute to making this text …
vivant/captivant/passionnant	lively/captivating/fascinating
amusant/divertissant/distrayant	fun/enjoyable/entertaining
ce passage se situe au début/au milieu/à/vers la fin de l'œuvre	this passage is at the beginning of/middle of/at/near the end of the work
l'action/la scène se déroule/se passe …	the action/the scene takes place/happens …
les faits ont lieu/se produisent …	the events take place/happen …
c'est une scène-clé/un passage-clé	it's a key scene/a key passage
cet extrait occupe une place importante dans l'œuvre, parce que …	this extract has an important place in the work, because …
la signification du passage	meaning/significance of the passage
l'importance/la pertinence de l'œuvre	importance/relevance of the work
l'auteur(e) fait l'éloge de …/critique …/ridiculise …	the author praises …/criticises …/ridicules …
évoquer/faire allusion à/suggérer/souligner/décrire	to evoke/allude to/suggest/underline/describe
l'œuvre reflète les préoccupations de son époque	the work reflects the concerns of its time
la thématique de cette œuvre est toujours d'actualité	the theme of the work is still relevant today
les thèmes abordés ici sont intemporels	the themes discussed here are timeless
l'œuvre a une portée universelle	the work has a universal reach
en lisant ce passage, j'ai ressenti …	as I read this passage, I felt …
ce passage m'a intéressé(e)/touché(e)/ému(e) parce que …	this passage interested me/touched/moved me because …
le texte m'a ennuyé(e)/agacé(e)/énervé(e) car …	the text bored/irritated/annoyed me because …
je (ne) recommanderais (pas) la lecture de cette œuvre parce que …	I would (not) recommend reading this work because …

A Différents types de texte

Lettre/email à un(e) ami(e)

Cher/Chère .../Salut!

comment ça va depuis la dernière fois?

je voulais te dire que .../te demander si ...

réponds-moi vite

Amitiés/À plus! Bises/Je t'embrasse

Lettre officielle/email officiel

Monsieur (le directeur), Madame (la directrice)

suite à votre annonce/lettre/email ...

je vous contacte pour obtenir un renseignement/ postuler pour l'emploi ...

je vous serais reconnaissant(e) si vous pouviez ...

en attendant votre réponse

Très cordialement/Bien à vous

Veuillez agréer, Monsieur/Madame, l'expression de mes sentiments respectueux/ l'expression de mes meilleurs sentiments.

Journal intime

Cher journal

Il faut que je te raconte ce qui s'est passé aujourd'hui ...

C'est tout pour aujourd'hui, bonsoir et à demain.

Blog

Chers lecteurs/abonnés

j'écris ce billet aujourd'hui parce que .../pour ...

laissez des commentaires/n'hésitez pas à partager

Discours

Madame la directrice, Mesdames, Messieurs, chers camarades

le sujet dont je vais vous parler ici .../le sujet que je vais aborder aujourd'hui, ...

laissez-moi tout d'abord (vous donner quelques chiffres)

examinons/considérons maintenant ...

passons ensuite à .../abordons également la question de ...

n'êtes-vous pas d'accord avec moi sur le fait que ... ?

je vais donc conclure en disant que ...

je vous remercie de votre attention et de votre intérêt pour ce sujet

Letter/email to a friend

Dear .../Hi

how have you been doing (since we were last in touch)?

I wanted to tell you that .../to ask you if ...

get back to me soon

Love *or* Best wishes/See you later! Kisses/Love

Formal letter/email

Dear Sir/Madam,

in response to your ad/letter/email ...

I am contacting you to get some information/apply for the job ...

I would be grateful if you could ...

I look forward to hearing from you

Yours sincerely

Yours faithfully/yours sincerely (*very formal*)

Diary

Dear Diary

I must tell you what happened today ...

That's all for today, good night, till tomorrow.

Blog

Dear readers/subscribers

I am writing this post today because .../to ...

leave your comments/feel free to share

Speech

Madam Director, ladies, gentlemen, dear friends

the subject I'm going to talk about here .../the issue I will address today, ...

let me first of all (give you some figures)

now let's examine/let's look at ...

let's now move on to .../let's also address the question of ...

do you not agree with me that ... ?

I will conclude by saying that ...

thank you for your attention and interest in this subject

B Présenter un argument (à l'oral ou à l'écrit)

Présenter ses idées chronologiquement

Presenting your ideas logically

tout d'abord/premièrement/en premier lieu/dans un premier temps/pour commencer

first of all

la première constatation qui s'impose/la première remarque que l'on peut faire/il convient tout d'abord de se pencher sur

the first thing to say/the first point to make/we first need to look at

deuxièmement/dans un deuxième temps

secondly

de plus/en outre/par ailleurs/de surcroît

in addition

qui plus est

moreover

après avoir examiné ..., considérons maintenant/poursuivons notre réflexion

after having examined ..., let us now consider/let us continue our reflection

d'une part ..., d'autre part/non seulement ..., mais également/à la fois ..., mais surtout

on the one hand ..., on the other hand/not only ..., but also/at the same time ..., but above all

finalement/enfin/en dernier lieu

finally

en conclusion/pour terminer/concluons donc avec ...

to conclude/to finish/let's conclude with

Illustrer ses arguments

Illustrating your points

par exemple/prenons à titre d'exemple/comme/tel(le)(s)

for example/let us take as an example/as/such as

ce qui revient à dire que/en d'autres termes/à savoir

which is to say that/in other words/namely

à en croire un récent sondage/selon les derniers chiffres/les chiffres indiquent que/des études récentes révèlent que

according to a recent survey/according to the latest figures/the figures indicate that/recent studies reveal that

pour citer/aux dires de

to quote/according to

Donner différentes opinions

Giving different opinions

les défenseurs de x affirment que .../les partisans de x font valoir que .../selon les adeptes de ...

the defenders of x state that .../the supporters of x assert that .../according to the followers of ...

les opposants à x critiquent/selon les détracteurs de .../les adversaires de x s'élèvent contre ...

the opponents of x criticize/according to critics of .../the opponents of x are against ...

Donner son propre point de vue

Giving your opinion

à mon avis/selon moi/à mon sens/pour ma part

in my opinion

en ce qui me concerne/personnellement/quant à moi

as far as I am concerned/personally/as for me

je pense que/je crois que/j'estime que/je suis d'avis que

I think/I believe/I am of the opinion that

je suis convaincu(e) que/je soutiens que/je suis persuadé(e) que

I am convinced that/I maintain that/I am confident that

je ne pense pas que/je ne crois pas que/je ne suis pas convaincu(e) que (+ subjonctif)

I don't think that/I don't believe that/I am not convinced that (+ subjunctive)

cela m'étonne que/ça me surprend que/je trouve surprenant que (+ subjonctif)

it amazes me that/it surprises me that/I find it surprising that (+ subjunctive)

Exprimer son accord/désaccord

certes/bien entendu/bien sûr

ce n'est pas le cas/absolument pas!/hors de question!

je suis d'accord/pour/favorable à/en faveur (de)

je ne suis pas d'accord/je suis contre/je suis opposé(e) à

je ne supporte pas l'idée que/je conçois mal que/je n'admets pas que

ce qui m'interpelle le plus/le plus dérangeant, c'est que .../ce qui me fait le plus peur, c'est que ...

c'est honteux/une honte/c'est scandaleux/un scandale

je suis indigné(e) que (+ subjonctif)/je suis outré(e) que (+ subjonctif)

c'est intolérable/inadmissible/inacceptable/insupportable que (+ subjonctif)

Expressing agreement/disagreement

of course

that's not the case/absolutely not!/no way!

I agree/I'm for/in favour (of)

I don't agree/I am against/I am opposed to

I can't stand the idea that/I can't imagine that/I do not accept that

what concerns me the most/the most disturbing is that/what scares me the most is that

it's shameful/it's scandalous/a scandal

I am appalled that (+ subjunctive)/I am outraged that (+ subjunctive)

it is intolerable/inexcusable/unacceptable/unbearable that (+ subjunctive)

C Connecteurs logiques

Expliquer la cause	**Explaining reasons**
parce que/car/puisque	because
à cause de/en raison de	because of
en effet/grâce à/vu (que)/étant donné (que)/suite à	indeed/thanks to/seeing (that)/given (that)/following
la raison pour laquelle	the reason why
Expliquer la conséquence	**Explaining consequence**
par conséquent/donc/ainsi/alors/si bien que	consequently/therefore/thus/then/with the result that
de ce fait/de sorte que/du coup (fam)	as a result
Indiquer l'opposition/la concession	**To show opposition/concession**
mais/or	but/yet
par contre/cependant/pourtant/en revanche/néanmoins/ceci dit	on the other hand/however/nevertheless/on the other hand/nevertheless/having said this
au contraire/contrairement à/à l'inverse (de)	on the contrary/conversely
alors que/tandis que	while
bien que/quoique (+ subjonctif)	although
quand même/tout de même	all the same/still
Indiquer le but	**Indicating purpose**
pour/afin de/de façon à/de manière à/dans le but de (+ infinitif)	in order to
pour que (+ subjonctif)/afin que (+ subjonctif)/de façon à ce que (+ subjonctif)/de manière à ce que (+ subjonctif)	so that